Republicanismo inglês: Sidney e a semântica da liberdade

Algernon Sidney

Alberto Ribeiro Gonçalves de Barros

Republicanismo inglês: Sidney e a semântica da liberdade

70

Rio de Janeiro, 2025

Republicanismo Inglês

Edições 70 é um selo da Editora Almedina do Grupo Editorial Alta Books (STARLIN ALTA EDITORA E CONSULTORIA LTDA).

ISBN: 978-65-5427-306-0

Impresso no Brasil – 1ª Edição, 2025 – Edição revisada conforme o Acordo Ortográfico da Língua Portuguesa de 2009.

Dados Internacionais de Catalogação na Publicação (CIP)
(BENITEZ Catalogação Ass. Editorial, MS, Brasil)

B277r
1.ed. Barros, Alberto Ribeiro Gonçalves de
Republicanismo inglês : Sidney e a semântica da liberdade / Alberto Ribeiro Gonçalves de Barros. - 1.ed. - Rio de Janeiro : Edições 70, 2025.
204 p.; 14 x 21 cm.

ISBN 978-65-5427-306-0

1. Ciência política. 2. Inglaterra - História. 3. Republicanismo. 4. Sidney, Algernon, 1623-1683 - Crítica e interpretação. I. Título.

05-2025/176 CDD 941.04

Índice para catálogo sistemático:
1. Republicanismo : Inglaterra : História 941.04
Aline Graziele Benitez - Bibliotecária - CRB-1/3129

Produção Editorial: Grupo Editorial Alta Books
Diretor Editorial: Anderson Vieira
Editor da Obra: Milton Meira Nascimento
Vendas Governamentais: Cristiane Mutüs
Gerência Comercial: Claudio Lima
Gerência Marketing: Andréa Guatiello

Coordenador Editorial: Milton Meira do Nascimento
Revisão: Cleber Ranieri Ribas
Diagramação: IMG3
Capa: Taynam Bueno

ALTA BOOKS
GRUPO EDITORIAL

Rua Viúva Cláudio, 291 – Bairro Industrial do Jacaré
CEP: 20.970-031 – Rio de Janeiro (RJ)
Tels.: (21) 3278-8069 / 3278-8419
www.altabooks.com.br – altabooks@altabooks.com.br
Ouvidoria: ouvidoria@altabooks.com.br

Editora
afiliada à:

SUMÁRIO

Para Maria da Graça, minha mãe

Agradecimentos

Este livro é resultado de um estudo que se iniciou com um estágio pós-doutoral no Institute of Historical Research da University of London, financiado pela FAPESP *(processo 2012/24410-0), à qual agradeço por ter me dado a oportunidade de reunir a bibliografia necessária para o seu desenvolvimento. Agradeço também ao* CNPq *que financiou este estudo com uma bolsa de produtividade em pesquisa — PQ, entre 2015 e 2017.*

Sou e sempre serei imensamente grato aos meus pais, José Augusto (in memoriam) e Maria da Graça, ao meu filho, Matheus, e a Simone pela presença e apoio constantes no decorrer desses anos. Agradeço ainda aos amigos de longa data, aos colegas e aos funcionários do Departamento de Filosofia da Universidade de São Paulo pelo permanente diálogo e incentivo.

Por fim, agradeço mais uma vez à FAPESP *(processo 2017/23938-5) pelo auxílio à publicação.*

*

As opiniões, hipóteses e conclusões ou recomendações expressas neste livro são de minha responsabilidade e não necessariamente refletem a visão da FAPESP*.*

APRESENTAÇÃO

Na retomada do republicanismo, observada nas últimas décadas, os estudos sobre o que se convencionou chamar de republicanismo inglês têm ocupado um lugar de destaque[1]. Em *The Classical Republicans: An Essay in the Recovery of a Pattern of Thought in Seventeenth-century England*, Zera Fink já havia chamado a atenção para o uso do ideário republicano por parte de alguns autores ingleses — John Milton, James Harrington, Henry Neville, Algernon Sidney, entre outros — no que diz respeito à defesa da República instaurada após a execução de Carlos I, em 1649, e à crítica aos reinados de Carlos II e de Jaime II, com a restauração da monarquia a partir de 1660[2]. Posteriormente, Caroline Robbins enfatizou em *The Eighteenth-Century Commonwealthman* a importân-

---

1 Entre os últimos trabalhos publicados, ver Armitage, David (ed). *Milton and Republicanism*. Cambridge: Cambridge University Press, 1990; Rahe, Paul A. *Republics Ancient & Modern: classical republicanism and the America Revolution*. London: Chapel Hill, 1992; Wooton, David (ed.) *Republicanism, Liberty and Commercial Society, 1649-1776*. Stanford: Stanford University Press, 1994; Barnad, Toby. *The English Republic 1649-1660*. London: Longman, 1997; Sellers, Mortimer N.S. *The sacred fire of liberty: republicanism, liberalism and the law*. London: Macmillam Press, 1998; Skinner, Quentin. *Liberdade antes do liberalismo*. São Paulo: Unesp, 1998; Honohan, Iseult. *Civic Republicanism*. London: Routledge, 2002; Gelderen, Martin e Skinner, Quentin (ed.). *Republicanism: a shared European heritage*. Cambridge: Cambridge University Press, 2002; Scott, J. *Commonwealth Principles: Republican Writing of the English Revolution*. Cambridge: Cambridge University Press, 2004; Worden, Blair. *Literature and Politics in Cromwellian England: John Milton, Andrew Marvell, Marchamnt Nedham*. Oxford: Oxford University Press, 2007; Barros, Alberto R. G. *Republicanismo Inglês: uma Teoria da Liberdade*. São Paulo: Editorial Discurso/FAPESP, 2015.

2 Fink, Zera. *The classical republicans: an essay in the recovery of a pattern of thought in seventeenth-century England*. Evanston: Northwestern University Press, 1945.

cia desses autores na formação do republicanismo moderno e no projeto político dos pais fundadores da nação norte-americana[3]. Não obstante, foi o livro de John Pocock, *The Machiavellian Moment: Florentine Political Thought and the Atlantic Republican Tradition*, que propagou a relevância do republicanismo inglês, ao descrever o processo de apropriação por parte desses autores do humanismo cívico de Maquiavel e a sua transposição para o outro lado do Atlântico, onde teve um papel determinante na luta pela independência das colônias americanas[4].

Um dos aspectos que tem sido ressaltado nos estudos mais recentes sobre o republicanismo inglês, que pode também explicar o interesse crescente pelo pensamento republicano, é a presença de uma concepção de liberdade que não se encaixaria na polarização dominante no debate político contemporâneo entre liberdade negativa e liberdade positiva[5].

A exposição mais clara e influente dessa polarização encontra-se, sem dúvida, no ensaio *Two Concepts of Liberty* de Isaiah Berlin[6]. Após reconhecer a polissemia da palavra liberdade, Berlin destaca os seus dois principais sentidos na vida social: o sentido negativo que se refere ao espaço que um agente — pessoa ou grupo de pessoas — dispõe para efetivar o que é capaz de realizar, sem sofrer a interferência de outros agentes; e o sentido positivo que foca a origem do controle da ação do agente.

A liberdade negativa é então definida como a ausência de obstáculos ou de constrangimentos nas escolhas ou ações de um agente. Ela exprime a possibilidade de agir sem ser impedido ou de não agir sem

---

3 Robbins, Caroline. *The Eighteenth-Century Commonwealthman: Studies in the Transmission, Development, and Circumstances of English Liberal Thought from the Restoration of Charles II Until the War with the Thirteen Colonies.* Cambridge: Harvard University Press, 1959.

4 Pocock, John. *The Machiavellian Moment: Florentine Political Thought and the Atlantic Republican Tradition.* Princeton: University Press, 1975.

5 Skinner, Quentin. "The Paradoxes of Political Liberty". *The Tanner Lectures on Human Values*, 1984, p. 227-250; Spitz, Jean-Fabien. *La liberté politique.* Paris: PUF, 1995, p. 125-169; Pettit, Philip. *Republicanism: a theory of freedom and government.* Oxford: Oxford University Press, 1999, p. 17-79; Brugger, Bill. *Republican theory in political thought: virtuous or virtual?* London: Macmillan Press Ltd., 1999, p. 22-48; Viroli, Maurizio. *Republicanism.* New York: Hill and Wang, 2002, p. 35-67.

6 Berlin, Isaiah. "Two Concepts of Liberty". In: Berlin, Isaiah. *Four Essays on Liberty.* Oxford; Oxford University Press, 1969, p. 118-172.

ser coagido. Neste sentido, a privação de liberdade é marcada pela intervenção intencional de outro agente, tornando a ação impossível, ou sobre aquilo que ele não deseja fazer, tornando a ação obrigatória, tanto pela coação física efetiva quanto pela sua ameaça verídica; e somente a decisão deliberada de outro agente de interferir é considerada uma ameaça à liberdade, visto que outros impedimentos, como a incapacidade física ou econômica, não representam propriamente obstáculos e, assim, não restringem a liberdade.

Já a liberdade positiva é caracterizada pela determinação do agente de agir de acordo com seus propósitos sem ser determinado por forças externas. Ela é qualificada de positiva porque não designa a ausência de algo, mas a presença de um atributo específico do querer, mediante o qual o agente atua segundo sua própria vontade. Neste sentido, a liberdade é entendida principalmente como autodeterminação, na medida em que é o próprio agente que se determina, dando a si mesmo a norma de sua ação.

Segundo Berlin, este ideal de autodeterminação encontrou historicamente sua mais significativa realização na doutrina da autorrealização, propagada pelo programa do racionalismo esclarecido e sintetizada na ideia de que compreender o mundo era libertar-se. O pressuposto desta ideia era de que, ao compreender a necessidade racional de algo, o indivíduo não poderia desejar outra coisa, tendo em vista que tal desejo implicaria em pura ignorância. Ao obedecer à razão — única faculdade capaz de diferenciar o que é necessário do que é contingente — o indivíduo obedeceria a si mesmo, submetendo-se à lei criada e imposta por ele mesmo, tornando-se senhor de si e, portanto, livre. O problema para Berlin ocorreu com a transposição do autogoverno racional do indivíduo à sociedade, quando agentes coletivos — Estado, Igreja, partidos políticos etc. — reivindicaram ser portadores exclusivos da razão, conhecedores da verdadeira e autêntica finalidade da existência humana, arrogando o direito de impor suas diretrizes sem ter o consentimento de seus membros e reprimindo aqueles que não cumprirem com suas determinações.

A liberdade positiva é veementemente criticada ao longo do ensaio, por estar sustentada na crença de que há um único fim para o qual todos devem se orientar e na premissa de que o indivíduo só se torna livre se atingir este fim. Associada a regimes autoritários e totalitários, que impõem a mesma finalidade para todos os membros da sociedade, ela é considerada um ideal pernicioso que deve ser evitado. Já a liberdade negativa é enaltecida, porque ela permite a manifestação das forças individuais, ao exigir uma esfera de liberdade pessoal, independente do controle social, protegida de qualquer forma de interferência da autoridade política. Associada a regimes liberais, que respeitam a diversidade e o pluralismo de meios e de fins, ela é considerada a forma mais factível e inteligível de pensar a liberdade.

Apesar das críticas sofridas desde sua publicação, o ensaio de Berlin tem pautado em geral o debate sobre a liberdade política entre liberais e comunitaristas[7]. De um lado, comunitaristas de diferentes matizes defendem a liberdade positiva com o argumento de que uma pessoa não é livre simplesmente porque não é obstruída por impedimentos físicos ou legais, externos ou internos, em suas escolhas e ações, mas apenas quando suas escolhas e ações expressarem o seu verdadeiro e autêntico ser, que é constituído pelos valores, tradições e fins partilhados com os demais membros de sua comunidade[8].

Ao denunciar a insuficiência da liberdade negativa, Charles Taylor ressalta a superioridade da liberdade positiva em vários aspectos. Primeiro, porque ela exige a discriminação dos obstáculos, considerando não apenas a quantidade, mas também a qualidade, pois algumas

---

7 Delaney, C. F. (ed.) *The Liberalism-Communitarianism Debate: Liberty and Community Values*. Boston: Rowman & Littlefield Publishers, 1994; Barros, Alberto R. G. "Liberais, Comunitaristas e Republicanos: a questão da liberdade". *Síntese*, vol. 41, n. 131, 2014, p. 345-358.

8 Walzer, Michael. "The Communitarian Critique of Liberalism". *Political Theory*, vol. 18, 1990, p. 6-23; Taylor, Charles. "Cross-Purposes: The Liberal-Communitarian Debate". In: Rosenblum, N. (ed). *Liberalism and the Moral Life*. Cambridge: Harvard University Press, 1989, p. 159-182. Sandel, Michael. Democracy´s Discontent. Cambridge: Harvard University Press, 1996, p. 3-90; *Liberalism and the Limits of Justice*. Cambridge: Cambridge Universty Press, 1998, p. 175-183; MacIntyre, Alasdair. *Depois da Virtude*. Bauru: Edusc, 2001, p. 249-278.

restrições não são tão relevantes, enquanto outras são extremamente significativas e comprometem a realização do autêntico propósito do ser humano. Depois, porque ela demanda o discernimento das motivações, distinguindo desejos superficiais e alheios, adquiridos muitas vezes pelo condicionamento ou manipulação, de desejos autênticos e indispensáveis para a realização efetiva do ser. Enfim, porque ela leva em conta a distinção entre as finalidades, já que certos fins são mais significativos para os seres humanos do que outros. Assim, diferentemente da liberdade negativa, que foca apenas as opções disponíveis, enfatizando as oportunidades e as escolhas abertas ao indivíduo, a liberdade positiva exige a posse e o exercício de certas capacidades, de tal modo que a pessoa possa controlar efetivamente a própria existência[9].

Do outro lado, liberais de diferentes matizes sustentam que a liberdade é um conceito descritivo que só pode ser enunciado de maneira negativa. Para eles, perguntar se um indivíduo é livre ou não para realizar uma escolha ou praticar uma ação não envolve o julgamento valorativo sobre esta escolha ou esta ação, nem pressupõe uma avaliação sobre os desejos ou obrigações deste indivíduo. Implica tão somente saber se a escolha ou a ação não é impedida pela intervenção de outros agentes que a tornam inelegível ou impraticável. A extensão da liberdade individual depende apenas de quantas possibilidades estão abertas para a escolha, quantas opções estão disponíveis ao indivíduo, independentemente do valor dessas escolhas[10].

Na perspectiva desses autores, como é necessário limitar uma parcela da liberdade dos indivíduos para tornar possível a convivência social, o problema está em determinar a dimensão desta parcela, sem cau-

---

9 Taylor, Charles. "What's wrong with negative liberty". In: Ryan, Alan (ed.) *The Idea of Freedom.* Oxford: Oxford University Press, 1979, p. 175-193.

10 White, D. M. "Negative Liberty". *Ethics*, vol. 80, 1970, p. 185-204; Parent, W. "Some recent work on the concept of liberty". *American Philosophical Quarterly*, vol. 11, 1974, p. 149-167; Gray, John N. "On Negative and Positive Liberty". *Political Studies*, vol. 28, 1980 p. 507-526; Day, J. P. "Individual Liberty". *Royal Institute of Philosophy Lecture Series*, vol. 15, 1983, p. 17-29; Benn, S. I e Weinstein, W. L. "Being free to act and being a free man". *Mind*, n.80, 1971, p. 194-211; Steiner, Hillel. *Proceedings of the Aristotelian Society*, vol. 75, 1974, p. 33-50.

sar prejuízo à própria liberdade, pois, quanto menor for a interferência mais ampla será a liberdade. Desse modo, a autoridade política que rege a vida social deve interferir o mínimo possível no campo de ação dos indivíduos. No caso do constrangimento legal, ele é justificado, porque impede uma ingerência maior que poderia vir de outros agentes, sacrificando uma parcela da liberdade individual para assegurar e proteger o mesmo espaço de não intervenção para todos. Mas é preciso reconhecer que a lei restringe a liberdade daquele que é constrangido por ela: lei e liberdade estão em polos opostos, no sentido de que o constrangimento legal proporciona liberdade, mas sempre no polo oposto ao qual ele é exercido.

Para os liberais, é impossível incorporar numa concepção aceitável de liberdade a ideia de que os indivíduos podem ser constrangidos a agir de acordo com uma determinada finalidade ou a ideia de que os indivíduos podem ser forçados a agir de uma maneira específica para seu próprio bem. Eles defendem uma concepção de liberdade que respeite o pluralismo de valores, construída em termos da indeterminação da ação, ou seja, da impossibilidade de especificar os fins autênticos que o ser humano deve perseguir e as ações que devem ser executadas para a sua plena realização[11].

A concepção de liberdade encontrada no republicanismo inglês, segundo os seus estudiosos, escaparia dessa polarização entre liberdade negativa e liberdade positiva, ao manter o respeito ao pluralismo de valores e de fins, sem renunciar à necessidade do dever cívico e do constrangimento legal. Ela representaria uma espécie de terceira via, radicalmente distinta e com diferentes exigências institucionais, em particular em relação à forma de governo[12].

---

11 Flew, Anthony. "Freedom is Slavery: a slogan for our new philosopher kings". In: Griffiths, A. Phillips (ed). *Of Liberty*. Cambridge: Cambridge University Press, 1983, p. 45-59; Galston, William A. "Value Pluralism and Liberal Political Theory". *The American Political Science Review*, vol. 93, n. 4, 1999, p. 769-778.

12 Skinner, Q. "The republican ideal of political liberty". In: Bock, G, Skinner, Q. e Viroli, M. (eds). *Machiavelli and Republicanism*. Cambridge: Cambridge University Press, 1990, p. 293-309; "A Third Concept of Liberty". *Prodeedings of the Bristish Academy*, n. 117, 2002, p.

Entre os principais expoentes do republicanismo inglês, a mais clara e relevante expressão dessa concepção de liberdade encontra-se nos escritos políticos de Algernon Sidney: *Court Maxims* (1666) e *Discourses Concerning Government* (1683). Admirado pelos seus contemporâneos e cultuado pelos revolucionários americanos e franceses como mártir da liberdade, o seu nome caiu praticamente no esquecimento no decorrer dos séculos XIX e boa parte do século XX. Porém, com a retomada do pensamento republicano, a sua obra voltou a ser objeto de vários estudos que têm ressaltado a sua importância na formação do republicanismo moderno[13].

A intenção do livro é examinar os escritos políticos de Sidney, em particular a sua concepção de liberdade. Pretende entender a definição proposta de liberdade como ausência de dominação e o que ela significa tanto para os membros de uma sociedade política quanto para a própria sociedade política. Para realizar tal propósito, abordará os principais temas tratados em sua obra — lei natural, direito natural, governo civil, virtude cívica, lei civil, direito político de resistência, entre outros — tomando sua concepção de liberdade como referência, eixo e fio condutor de análise.

O primeiro capítulo apresenta o contexto histórico e intelectual no qual está inserida a obra de Sidney, com destaque para o debate político em torno da liberdade dos súditos, que ocorreu ao longo do século XVII inglês, e para os escritos políticos de Robert Filmer, em particu-

---

237-268; Pettit, Philip. "Republican Freedom and Contestatory Democratization". In: Shapiro, I (ed). *Democracy's Value*. Cambridge: Cambridge University Press, 1999, p. 163-190; Republican Liberty and its Constitutional Significance". *Australian Journal of Legal Philosophy*, vol. 25, n. 2, 2000, p. 237-256.

13 Scott, J. *Algernon Sidney and the English Republic, 1623-1677*. Cambridge: Cambridge University Press, 1988; *Algernon Sidney and the Restoration crisis, 1677-1683*. Cambridge: Cambridge University Press, 1991; Carrive, Paulette. *La pensée politique d'Algernon Sidney*. Paris: Meridiens, 1989; Houston, Alan. *Algernon Sidney and the republican heritage in England and America*. Princeton: Princenton University Press, 1991; Nelson, Scott A. *The Discourses of Algernon Sidney*. London: Associated University Press, 1993; Multamaki, Kustaa. *Towards Great Britain: commerce and conquest in the thought of Algernon Sidney and Charles Davenant*. Saarijanui: Academie Scientiarum Fennica, 1999; Hamel, Christopher. *L'Esprit Républicain: Droits naturels et vertu civique chez Algernon Sidney*. Paris : Classiques Garnier, 2011.

lar o panfleto intitulado *Patriarcha*, que foi objeto de refutação, quase parágrafo por parágrafo, dos *Discourses Concerning Government*. O segundo capítulo aborda as noções de lei natural, de direito natural e de liberdade encontradas na obra de Sidney, comparando-as com as concepções de seus contemporâneos, em particular Locke e Hobbes, na tentativa de esclarecer a singularidade de sua concepção de liberdade. O terceiro capítulo trata de sua perspectiva a respeito da origem, natureza e finalidade do governo civil, das diferentes formas de governo e das razões de sua preferência pelo governo misto ou popular, considerado o mais adequado para assegurar a liberdade. O quarto capítulo aborda a relação estabelecida por Sidney entre virtude cívica, lei civil e liberdade, destacando a sua reflexão sobre a função da lei civil na manutenção da liberdade. Por fim, o quinto e último capítulo analisa a sua teoria do direito de resistência do povo contra governos tirânicos, sustentada em sua concepção de liberdade.

Trata-se assim de um trabalho de história das ideias políticas, tendo como pano de fundo o debate contemporâneo sobre o significado da liberdade republicana, que procura mostrar a importância do pensamento político de Sidney na formação do republicanismo moderno.

1. LIBERDADE DOS SÚDITOS

Depois de sucessivos governos temporários, intercalados por juntas militares e comitês provisórios, a República (*Commonwealth*), estabelecida na Inglaterra em 19 de maio de 1649, chegou ao seu final. Em 1 de maio de 1660, a Declaração de Breda foi lida no Parlamento recém-instaurado. Neste documento, Carlos Stuart prometia a anistia a todos os súditos que jurassem fidelidade e obediência à coroa, o respeito às liberdades individuais, em particular as liberdades de consciência e de culto religioso, e o completo assentimento a todos os atos do Parlamento. Lordes e Comuns aprovaram de imediato a restauração da monarquia e, uma semana depois, ele foi coroado rei da Inglaterra com o título de Carlos II[1].

O retorno da dinastia Stuart ao trono inglês não representava apenas o malogro de um projeto político, mas também um sério risco de vida para os defensores do regime republicano. Perseguidos pelos realistas, alguns conseguiram fugir para o continente antes de serem presos e executados. No exílio, eles procuraram compreender as razões para o fracasso da República. As primeiras explicações inspiravam-se em passagens bíblicas que ressaltavam a insanidade do povo de Israel quando escolheu abdicar de sua liberdade em favor da entronização de reis, conforme o exemplo dado por outros povos. Relatos históricos também eram utilizados, sobretudo aqueles que descreviam como algumas cidades antigas, em particular Roma, haviam perdido sua liberdade em razão da corrupção dos costumes e do surgimento de facções entre seus cidadãos[2].

A maioria dos exilados ressaltava as consequências nefastas da restauração da monarquia, em particular para a liberdade dos súditos. Seus escritos procuravam com frequência associar o regime monárquico com a tirania, enfatizando o desrespeito às leis divinas e naturais por

---

1 Sobre a Restauração, ver Morrill, John (ed.) *Revolution and Restoration*. London: Collins & Brown Limited, 1992; Houston, Alan and Pincus, Steve (eds). *A Nation Transformed. England after the Restoration*. Cambridge: Cambridge University Press, 2001.

2 Blair, Worden. "Republicanism and the Restoration". In: Wootton, David (ed). *Republicanism, Liberty, and Commercial Society*. California: Stanford University Press, 1994, p. 139-193.

parte do novo monarca, que agia arbitrariamente, impondo sua vontade de maneira discricionária, como havia feito seu pai, Carlos I.

Entre os exilados, encontrava-se Algernon Sidney. Descendente de duas famílias aristocráticas, ele estava na Irlanda a serviço da coroa, quando começaram os primeiros conflitos entre as tropas de Carlos I e o Exército Parlamentar, em agosto de 1642. Logo passou a apoiar a causa do Parlamento e assumiu o comando de um de seus regimentos. Depois de um período de convalescência por causa de ferimentos sofridos no campo de batalha, conseguiu uma cadeira na Casa dos Comuns, em 1646. Com o fim dos conflitos armados e a vitória do Exército Parlamentar, no final de 1648, Sidney manteve-se naquele que ficou conhecido como Parlamento *Rump*, após a expulsão de centenas de parlamentares favoráveis a um acordo com o rei. Recusou-se, no entanto, a participar da Corte criada no início de janeiro de 1649 para julgar Carlos I, questionando a legalidade do procedimento judicial. Também não esteve presente na execução do rei, mas participou ativamente do primeiro Conselho de Estado do novo regime, destacando-se no comitê para assuntos estrangeiros, cargo cujo exercício permitiu a ele decisiva atuação na guerra entre Inglaterra e Holanda, iniciada em 1652, bem como nas negociações para a incorporação da Escócia à República da Inglaterra[3].

Após a dissolução forçada do Parlamento *Rump* pelas tropas de Cromwell, em 1653, Sidney retirou-se da vida política sem deixar de criticar veementemente o estabelecimento do Protetorado[4]. Voltou a

3 Para mais detalhes sobre a vida de Sidney, ver Van Santvoord, G. *Life of Algernon Sidney, With Sketches of Some of His Contemporaries, and Extracts from His Correspondence and Political Writings*. New York: Charles Scribner, 1851; Blackburne, G. M. I. *Algernon Sidney, A Review*. London: Kegan, Trench & Co., 1885; Firth, C. H. *Algernon Sidney*. In: The Dictionary of National Biography, vol.18. London: Oxford University Press, 1921; Stephen, L e Lee, Sidney. *Dictionary of National Biography*. London: Oxford University Press, 1922, Vol. XVIII, p. 202-209; Haydon, Brigid. "Algernon Sidney, 1623-1683". In: Archaeologia Cantiana, vol.76, 1961, p. 110-133; Caswell, John. *The Porcupine. The Life of Algernon Sidney*. London: Murray, 1989; Brown, Irene. C. "Algernon Sidney, the Noble Republican". *History Today*, n.34, 1984, p. 11-17.

4 Scott, J. *Algernon Sidney and the English Republic, 1623-1677*. Cambridge: Cambridge University Press, 1988, p. 113-123.

ocupar uma cadeira na Casa dos Comuns, com o fim do Protetorado e o restabelecimento do Parlamento *Rump*, no início de 1659, sendo novamente eleito para o Conselho de Estado. Estava numa missão diplomática, para mediar o conflito entre Dinamarca e Suécia, quando Carlos II foi coroado em Londres[5]. Ao perceber a extensão da perseguição aos republicanos, com a restauração da monarquia, Sidney optou por um exílio voluntário, passando por diferentes países, como Itália, Holanda, Alemanha, Suíça e França. No período em que viveu em Rotterdam, por volta de 1666, redigiu *Court maxims*, enquanto negociava o apoio dos holandeses e ingleses exilados para o restabelecimento da República[6].

1.1. Liberdade religiosa

Court maxims é um longo diálogo dividido em quatorze encontros entre um bem-intencionado cortesão, Philalethes, e um republicano, Eunomius. Ali são discutidas as máximas que estariam orientando o governo de Carlos II, supostamente inspiradas nos ensinamentos de *O Príncipe* de Maquiavel[7].

O primeiro encontro apresenta a questão, proposta por Philalethes, que dá origem à discussão: por que o povo inglês, que desejou de maneira tão veemente o retorno da monarquia, parecia extremamente descontente após sua restauração? Eunomius responde que um povo não é feliz apenas por alcançar o que deseja, mas somente se o seu desejo for realmente bom. Num tom eminentemente platônico, já

---

5 Nesta missão diplomática, escreveu no livro de visitantes da Universidade de Copenhagen a famosa frase: "*Manus haec inimical tyrannis*" (esta mão hostil aos tiranos).

6 O manuscrito de mais de 200 páginas foi descoberto no final do século passado pelo historiador Blair Worden, no Castelo de Warwick, e publicado pela primeira vez em 1996. Sidney, Algernon. *Court Maxims* (ed. Hans W. Blom). Cambridge: Cambridge University Press, 1996.

7 Carswell, Jonh. "Algernon Sidney's "Court Maxims": the Biographical Importance of a Transcript". *Historical Research*, vol.62, n.147, p. 98-103.

anunciado na forma literária escolhida para o escrito, argumenta que o desapontamento do povo era fruto de uma avaliação equivocada, baseada apenas na aparência, sempre transitória e ilusória. O povo havia sido enganado pela fraude dos cortesões e pela malícia do episcopado, e, em consequência dessa escolha equívoca, retornara à servidão característica do regime monárquico[8].

De fato, havia certo descontentamento do povo inglês com o novo monarca, principalmente no campo religioso. A expectativa de diversas congregações protestantes — presbiteriana, congregacionista, batista, independente, pentamonarquista, entre outras — de ter plena liberdade de culto, não se concretizou. Apoiado por um Parlamento bastante favorável às suas demandas, Carlos II conseguiu aprovar medidas contrárias à promessa de tolerância religiosa: em 1661, o *Corporation Act* exigia que todos os magistrados civis fossem anglicanos, o que excluía do ofício público os súditos de outras congregações; em 1662, o *Act of Uniformity* impunha a liturgia anglicana em todo reino, tornando obrigatório o *Livro de Prece Comum* em todos os cultos; em 1664, o *Conventicle Act* proibia a reunião de mais de cinco pessoas para a realização de qualquer culto diferente do anglicano e estabelecia severas sanções para aqueles que se reunissem ou cedessem suas casas para essas reuniões; também em 1664, o *Five Mile Act* proibia os ministros de outras congregações de ensinar e de morar a menos de cinco milhas das grandes cidades. Esses quatro atos do Parlamento formavam o *Code Clarendon*, que fazia parte da estratégia real de fortalecer o anglicanismo[9].

Mas a Igreja Anglicana, desde sua instituição pelo Ato de Supremacia em 1534, sofria forte oposição tanto de súditos católicos, por causa de sua doutrina calvinista e de seu rompimento com o papado, quanto de súditos de outras congregações protestantes, em razão da manutenção da hierarquia episcopal, da liturgia romana e de outros traços do

---

8 Sidney, Algernon. *Court Maxims*, p. 2-7.

9 Greaves, Richard L. *Enemies Under His Feet: Radicals and Nonconformists in Britain, 1664-1677*. Stanford, 1990; Harris, Tim and Seaward, Paul (eds). *The Politics of Religion in Restoration England*. Oxford: Basil Blackwell, 1990

catolicismo. As críticas mais veementes entre as congregações protestantes vinham dos presbiterianos e dos puritanos.

Os presbiterianos denunciavam principalmente os malefícios da função episcopal, que impunha uma hierarquia entre os fiéis e impedia o cristão da experiência espiritual de encontro pessoal com a verdade revelada. Para eles, a estrutura da Igreja Anglicana, baseada na autocracia episcopal, era totalmente antagônica tanto à organização da Igreja dos primeiros cristãos quanto à doutrina dos Evangelhos. Defendiam então uma Igreja nacional mais descentralizada e menos hierarquizada, que permitisse ao cristão vivenciar o magistério universal.

Além de criticar a função episcopal e a liturgia anglicana, por causa de seu ritualismo vazio e cerimonial suntuoso, os puritanos rejeitavam toda forma de interferência de autoridades eclesiásticas na vida dos fiéis. Eles sustentavam que as Escrituras podiam ser compreendidas sem necessidade de teólogos ou clérigos, uma vez que a verdade revelada era simples e acessível a todos os crentes. Contra a ideia de uma Igreja nacional, fosse ela anglicana ou presbiteriana, os puritanos defendiam o princípio da autonomia e independência de todas as congregações, que deveriam ser livres para estabelecer sua doutrina e sua forma de governo.

Na esteira dessas críticas ao anglicanismo, Sidney analisa em seu escrito de exílio a máxima da corte segundo a qual o episcopado deveria ser mantido com todo seu poder e opulência, uma vez que isto favorecia a monarquia inglesa[10]. Philalethes expõe cinco fundamentos para esta máxima: i) os bispos da Igreja Anglicana, por depender totalmente do rei, procurariam aumentar o poder real, instruindo o povo a obedecê-lo incondicionalmente em todas as questões; ii) muitos súditos dependiam completamente do episcopado, consequentemente, iriam depender também do rei; iii) os bispos anglicanos dispunham de instrumentos de opressão eficazes, como a censura e a excomunhão, os quais poderiam ser utilizados em favor do rei; iv) o episcopado contribuía com o rei para a submissão incondicional do povo, ao deixá-lo na

10 Scott, J. *Algernon Sidney and the English Republic, 1623-1677*, p, 197-201.

ignorância e iludi-lo com vãs promessas; v) e, finalmente, o interesse dos bispos anglicanos por uma uniformidade religiosa poderia auxiliar o rei inglês a perseguir e eliminar os dissidentes.

Eunomius reconhece que o episcopado tinha um relevante papel na manutenção do poder real, sobretudo porque os bispos tinham a intenção em controlar a vida dos cristãos; não obstante, argumenta que ninguém pode ter jurisdição sobre a consciência humana. Cada um deveria ter a liberdade e o direito de escolher sua própria religião. Aliás, seria impossível impor uma crença religiosa pela força ou pelo temor, já que a fé não era um ato de vontade, mas provinha da Graça Divina. Nem o rei nem o episcopado poderiam obrigar alguém a seguir uma determinada religião. Se o magistrado civil ou eclesiástico usasse da força para impor um credo, a resistência tornar-se-ia então lícita, uma vez que a força inicial fora injusta e poderia ser igualmente repelida pela força, como sustentavam tantos teólogos e juristas renomados[11].

Sidney reproduz assim em sua obra os argumentos a favor da liberdade de consciência e de culto religioso encontrados em vários autores republicanos de seu tempo. Em *A Treatise of Civil Power in Eclesiastical Causes: Showing That it is not Lawful for any Power on Earth to Compel in Matters of Religion* (1659), por exemplo, John Milton sustenta, com base em várias passagens dos Evangelhos[12], que nenhum homem poderia ser considerado juiz infalível em matéria de religião. Em sua avaliação, nenhuma autoridade eclesiástica poderia fazer uso do poder coercitivo para impor uma determinada crença, muito menos o magistrado civil, cujo âmbito de ação não se estendia à consciência religiosa. O seu principal argumento é de que, por ser a fé uma questão de fórum interno, nenhuma força externa poderia afetar a natureza espiritual do homem contra sua vontade. Toda crença deveria ser voluntária para ser expressão de uma verdadeira fé. Desse modo, forçar alguém a aderir a

---

11 Sidney, Algernon. *Court Maxims*, p. 87-112.

12 As passagens utilizadas são: 1 Coríntios 2,15; João 4,12; Mateus 13, 26-31; 2 Tessalonicenses 2,4; Romanos 14,4; 2 Coríntios 1,24; 1 Pedro 5.2-3.

uma determinada Igreja ou a contrariar suas convicções religiosas seria tirânico e ineficiente[13].

Ao contrário da plena liberdade de consciência e de culto, Carlos II adotou uma política sistemática de perseguição aos dissidentes, baseada no argumento de que as demandas no campo religioso tinham clara intenção de subverter a ordem pública. Para os seus assessores, não se tratava apenas de indivíduos pleiteando tolerância religiosa, mas de facções organizadas, prontas para atacar e desestabilizar o novo governo. Por isso, eles defendiam punições severas e exemplares contra os dissidentes, a fim de acalmar as massas populares e conduzir o povo à obediência[14].

Já os dissidentes sustentavam em seus panfletos que a crença religiosa dependia de uma livre escolha racional do ser humano. As premissas a partir das quais defendiam sua posição já estavam efetivamente consagradas no debate político inglês: atentar contra a liberdade de consciência era desrespeitar a lei de natureza, que impunha não apenas deveres, mas também direitos naturais, entre os quais o direito de escolher a crença religiosa ditada pela própria consciência; esses direitos naturais não podiam ser desrespeitados nem suspensos pela vontade e poder de magistrados civis; e se a liberdade de consciência ou outros direitos naturais fossem desrespeitados pela autoridade política, instaurava-se um estado de força e de guerra que liberava o súdito da obediência política[15].

Em 1672, Carlos II fez uso de sua prerrogativa real ao conceder indulgência a todos os dissidentes, suspendendo todas as medidas penais, inclusive contra os católicos. Esta iniciativa poderia ter sido enaltecida como uma conquista no campo religioso. No entanto, ela foi severa-

---

13 Milton, J. *A Treatise of civil Power in Eclesiastical Causes: showing that it is not lawful for any power on Earth to compel in matters of religion*, p. 863-878.

14 Gibson, William. "The Limits of the Confessional State: Electoral Religion in the Reign of Charles II". *The Historical Journal*, v.51, n.1, 2008, p. 27-47.

15 De Krey, Gary S. "The First Restoration Crisis: Conscience and Coercion in London, 1667-73". *Albion: A Quarterly Journal Concerned with British Studies*, 1993, Vol. 25, No. 4, p. 565-580; "London Radicals and Revolutionary Politics, 1675-1683". In: Harris, Tim and Seaward, Paul (eds). *The Politics of Religion in Restoration England*. Oxford: Basil Blackwell, 1990, p. 133-162; "Rethinking the Restoration: Dissenting Cases for Conscience, 1667-1672". *The Historical Journal*, v.39, n.1, 1995, p. 53-83.

mente censurada. Muitos publicistas reprovaram a decisão real de suspender atos do Parlamento, como o *Code Clarendon*, tendo por base unicamente a vontade do rei, ainda que com evidentes benefícios para os súditos. Até os realistas que defendiam as prerrogativas reais suspeitaram desta política de tolerância com os católicos. Eles até admitiam que os católicos pudessem ter liberdade de consciência, mas não liberdade de culto como as congregações protestantes[16].

Não se pode esquecer que a tolerância religiosa tinha claros limites entre os protestantes, mesmo entre os seus mais fervorosos defensores. O principal motivo alegado contra a liberdade de culto para os católicos era de que o catolicismo não seria uma religião, mas uma idolatria, por causa de sua crença em imagens e estátuas, condenada tanto pelo Antigo Testamento quanto pelos Evangelhos. Outro motivo alegado era de que o catolicismo seria uma forma de despotismo clerical sob o manto religioso, materializado na reivindicação papal de domínio universal, isto é, domínio temporal e espiritual sobre a cristandade[17].

1.2. Crise de exclusão

Em 1673, Sidney obteve permissão para visitar sua família na Inglaterra, mas preferiu permanecer no continente, vivendo no sul da França. Ele já havia escapado de algumas tentativas de assassinato e temia por sua vida, como outros republicanos refugiados. Só retornou em 1677, com uma nova permissão para visitar sua família e tratar de assuntos pessoais. Com a morte do pai, permaneceu mais tempo do que esperava, envolvendo-se em litígios familiares por questões de herança[18].

---

16 Ashcraft, Richard. *Revolutionary Politics and Locke´s Two Treatises of Governments*. Princeton: Princeton University Press, 1986, p. 34-35.

17 Fatovic, Clement. "The Anti-Catholic Roots of Liberal and Republican Conception of Freedom in English Political Thought". *Journal of the History of Ideas*, 2005, p. 37-58.

18 Scott, J. *Algernon Sidney and the Restoration crisis, 1677-1683.* Cambridge: Cambridge University Press, 1991, p. 85-103.

O final da década de setenta foi marcado por uma profunda crise política. Reunido desde 1661, o Parlamento, que havia sido bastante favorável às demandas reais, foi finalmente dissolvido em janeiro de 1679. No período das eleições para a Casa dos Comuns, intensificou-se o debate em torno da sucessão de Carlos II, cuja saúde encontrava--se cada vez mais fragilizada. O primeiro na linha de sucessão era seu irmão Jaime Stuart, Duque de York, que enfrentava forte resistência dos súditos protestantes por ser declaradamente católico. Havia uma abundante literatura sobre a insegurança para a vida, liberdade e propriedade dos súditos protestantes se a coroa fosse assumida novamente por um rei católico[19]. A imagem do catolicismo como uma religião sanguinária, construída mediante a prática de perseguições e execuções aos protestantes durante o reinado de Maria Tudor (1553-58), era repetidamente evocada. A denúncia de um complô católico para assassinar Carlos II e garantir a sucessão de seu irmão, com apoio da França e da Espanha, fortalecia ainda mais o temor de súditos protestantes[20].

Em maio de 1679, quando o novo Parlamento foi instaurado, foi apresentada na Casa dos Comuns a proposta de exclusão do Duque de York da linha de sucessão e sua substituição pelo filho ilegítimo de Carlos II, Jaime Scott, que havia assumido o comando do exército inglês desde 1672. A proposta nem chegou a ser votada, porque este Parlamento foi dissolvido poucas semanas depois.

O segundo Parlamento, convocado em outubro, teve sua reunião prorrogada por um ano, apesar das inúmeras petições endereçadas ao rei. A mais significativa foi assinada por quase dezesseis mil súditos — entre os quais, Algernon Sidney e John Locke — e foi apresentada em janeiro de 1680 a Carlos II, que a considerou, apesar do tom moderado, uma afronta ao seu poder soberano[21]. Logo após a instauração

19 Miller, John. *Popery and Politics in England, 1660-1688*. Cambridge: Cambridge University Press, 1973

20 Kenyon, J. P. *The Popish Plot*. London: Phoenix Press, 2000, p. 1-36.

21 Knights, Mark. "London´s Monster Petition of 1680". *The Historical Journal*, v.36, n.1, 1993, p. 39-67; "Petitioning and the Political Theorists: John Locke, Algernon Sidney and London's "Monster" Petition of 1680". *Past and Present*, n. 138, 1993, p. 94-111.

deste Parlamento, na Casa dos Comuns foi novamente apresentada a proposta de exclusão do Duque de York, desta vez votada e aprovada em 11 de novembro de 1680, mas imediatamente rejeitada na Casa dos Lordes, no mês seguinte, por 63 votos contra 30. Em meio às discussões sobre uma possível associação de todos os súditos protestantes contra a ameaça de um futuro governo católico, o Parlamento foi dissolvido, em janeiro de 1681.

Em março do mesmo ano, um novo Parlamento foi reunido em Oxford, com a justificativa de fugir da efervescência política de Londres. Sidney era um dos membros da Casa dos Comuns, depois de duas candidaturas frustradas para os Parlamentos de 1679 e 1680. Mas, ainda no mesmo mês, este Parlamento também foi dissolvido pelo rei, ao ser apresentado uma nova proposta de exclusão[22].

Nesses três Parlamentos sucessivos, os opositores à coroa defenderam o direito parlamentar de excluir o Duque de York do processo sucessório, escolher outro sucessor da família real e impor limites bem definidos ao exercício do poder real[23]. Sem alcançar o seu intento pelas vias institucionais, alguns opositores passaram a organizar complôs e conspirações contra a coroa. O mais famoso, conhecido como *Rye House Plot*, visava assassinar o rei e o Duque de York quando eles retornassem a Londres de uma viagem feita a Newmarket, com passagem por *Rye House*, antiga propriedade a meio do caminho. O insucesso deste complô teria sido ocasionado pelo regresso antecipado de Carlos II e de seu irmão[24].

A polarização cada vez mais intensa entre realistas e opositores à coroa contribuiu neste período para o surgimento de dois grupos rivais,

---

22 Sobre estes três Parlamentos e a participação política de Sidney ver Scott, J. *Algernon Sidney and the Restoration crisis, 1677-1683*, p. 126-197.

23 Jones, J. R. *The First Whigs, The Politics of the Exclusion Crisis, 1678-1683*. Oxford: Oxford University Press, 1961; Harris, Tim. *London Crowds in the Reign of Charles II: Propaganda and Politics from the Restoration until the Exclusion Crisis*. Cambridge: Cambridge University Press, 1987; "What´s new about the Restoration". *A Quarterly Journal Concerned with British Studies*, Vol. 29, n.2, 1997, p. 187-222; Morley, I. *A Thousand Lives: An Account of the English Revolutionary Movement 1660-1685*. London: Andre Deutsch, 1954, p. 148-156.

24 Milne, Doreen J. "The results of the Rye House Plot and their influence upon the Revolution of 1688". *Transactions of the Royal Historical Society*, n. 1, 1951, p. 91-108.

com a respectiva denominação de *Tory* e *Whig*[25]. Eles se debatiam não apenas no Parlamento, mas também pela conquista da opinião pública nos *clubs* e *coffehouses*. Nesses recintos, reuniam-se súditos das mais diferentes classes sociais para discutir as decisões do Parlamento, os panfletos publicados e as petições endereçadas ao rei[26].

Este período de crise, denominado pelos historiadores de *crise de exclusão*, gerou uma abundante literatura[27]: de um lado, os opositores à coroa alertavam para os riscos de um futuro governo católico e ainda mais arbitrário, que colocaria em risco a vida, liberdade e propriedade dos súditos protestantes; do outro, os realistas sustentavam a política real e apoiavam o uso das prerrogativas reais e a sucessão por direito hereditário, conforme previsto na antiga constituição do reino[28].

Em 26 de junho de 1683, Sidney foi preso sob a acusação de ter participado do *Rye House Plot* e os manuscritos encontrados em sua casa foram confiscados e utilizados em seu julgamento[29]. A lei inglesa exigia duas testemunhas para condenar alguém pelo crime de traição. Como o promotor do caso tinha apenas uma testemunha — o delator Lord Howard — algumas partes desses manuscritos foram utilizadas como prova cabal de traição. Talvez eles tenham sido escritos, como o próprio Sidney

---

25 Ambos eram termos pejorativos atribuídos pelos adversários: *Whig*, palavra de origem escocesa, era o tipo de leite amargo (soro) que fazia parte da alimentação dos mais pobres e indigentes; *Tory*, palavra de origem irlandesa, denominava o bandoleiro, o fora da lei ou um bando de criminosos.

26 Greaves, Richard L. "Great Scott! The Restoration in Turmoil, or, Restoration Crises and the Emergence of Party". *Albion: A Quarterly Journal Concerned with British Studies*, Vol. 25, No. 4, 1993, p. 605-618.

27 Entre os textos produzidos neste período destacaram-se: *An account of the growth of popery and arbitrary government in England* (1677) de Andrew Marvell; *Tyranny and popery lording it over the consciences, lives, liberties, and estates both of King and people* (1678) de Roger L'Estrange; *England's great interest in the choice of this new Parliament dedicated to all her free-holders and electors* (1679) de William Penn; *A seasonable address to both Houses of Parliament concerning the succession, the fears of popery, and arbitrary government by a true Protestant, and hearty lover of his country* (1681) de George Halifax; *Plato redivivus: a dialogue concerning government* (1681) de Henry Neville.

28 Harris, Tim. "Lives, Liberties and Estates: Rethorics of Liberty in the reign of Charles II". In: Harris, Tim and Seaward, Paul (eds). *The Politics of Religion in Restoration England*. Oxford: Basil Blackwell, 1990, p. 217-242.

29 Salmon, J. H. M. "Algernon Sidney and the Rye House Plot". *History Today*, vol. 4, 1954, p. 698-705.

argumentou em sua defesa, para serem lidos apenas pelos seus familiares, como fruto da reflexão privada sobre princípios gerais da política, visto que sua família tinha uma longa tradição em escrever tratados de memórias políticas[30]. Mas os juízes não aceitaram este argumento e condenaram Sidney, que foi executado em 7 de dezembro de 1683.

Embora os manuscritos não tenham sido organizados, sistematizados ou finalizados pelo próprio Sidney, em razão de sua morte prematura, o que foi publicado pelo filósofo irlandês John Toland, em 1698, com o título *Discourses Concerning Government,* revelavam um autor envolvido com o debate político de seu tempo[31].

A principal finalidade desses manuscritos era a mesma de John Locke em *Two Treatises of Government* (1689) e de James Tyrrel em *Patriarcha non Monarcha* (1681). As três obras propunham refutar o panfleto intitulado *Patriarcha, or the Naturall Power of Kings Defended Against the Unnatural Liberty of the People*, publicado pelos realistas em 1680, vinte e sete anos após a morte de seu autor, Robert Filmer. Acerca deste intento, assinalou Sidney: "Tendo visto recentemente um livro intitulado *Patriarcha*, escrito por Sir Robert Filmer, sobre o direito universal e indistinto de todos os reis, eu pensei que meu tempo livre podia ser bem empregado discutindo sua doutrina" (*Discourses,* I, 1, p. 5). Antes de examinar a refutação presente nos *Discourses Concerning Government*, objeto dos próximos capítulos, é necessário analisar em linhas gerais as ideias de Filmer.

---

30 Sidney manteve também extensa correspondência com diversos interlocutores sobre os problemas políticos de sua época. Dessa correspondência restaram 106 cartas, sendo que 69 delas foram publicadas em diversos volumes. Sidney, R. *Sydney Papers, consisting of a journal of the Earl of Leicester and original letters of Algernon Sydney*. London, 1825; Blencowe, R. (ed.) *Sidney's Papers*. London, 1825; Forster, T. (ed.) *Original Letters of Locke, Algernon Sidney, and Anthony Lord Shaftesbury*. London, 1830.

31 Após a publicação, a obra conheceu oito edições no decorrer do século XVIII, sendo traduzida para o francês em 1702, 1755 e 1780, e para o alemão em 1707 e 1793. O texto de referência será a primeira edição de 1698, publicada no volume editado por Thomas G. West — Sidney, Algernon. *Discourses Concerning Government*. Indianapolis: Liberty Fund, 1996 — e citada a partir de agora como *Discourses*, seguido pelo número da parte, seção e página.

1.3. A submissão natural dos súditos

O período no qual o *Patriarcha* foi escrito tem sido objeto de uma longa discussão entre os seus intérpretes[32]. Richard Tuck, após analisar as referências feitas aos acontecimentos da época, sustenta que a redação do livro dever ter ocorrido entre 1628 e 1631[33]. Cesare Cuttica chama a atenção para a recente descoberta entre os papéis de Filmer de um requerimento enviado à imprensa real em 1632, no qual o autor solicitava permissão para a publicação da obra, imediatamente negada[34]. Desse modo, é possível dizer que por volta de 1631 o panfleto já estivesse pronto, ou seja, logo após um período de intenso confronto (caraterístico das primeiras décadas da dinastia Stuart) entre o rei e o Parlamento no que diz respeito à liberdade dos súditos e o uso das prerrogativas reais.

Ao assumir a coroa inglesa com o título de Jaime I, em 1603, o experiente rei escocês Jaime Stuart encontrou um reino unificado e submetido à autoridade real, mas com sérios problemas financeiros. Além dos recursos normalmente concedidos pelo Parlamento no início de cada reinado, ele recorreu a vários tributos extraordinários, alegando a sua responsabilidade em preservar o reino e o dever dos súditos em auxiliá-lo nesta tarefa. Em geral, os parlamentares criticaram esta forma de tributação, denunciando-a como um atentado contra a liberdade dos súditos, e demandaram sua tradicional função no estabelecimento das políticas fiscais e comerciais do reino, com o argumento de que, pelo menos desde o reinado de Eduardo I (1239-1307), era costume o monarca inglês não impor medidas que interferissem na propriedade dos súditos sem o consentimento parlamentar[35].

---

32 Lessay, Frank. *Le débat Locke-Filmer*. Paris: PUF, 1998, p. 16-23; Wallace, John. "The date of Sir Robert Filmer´s Patriarcha". *The Historical Journal*, vol.23, 1980, p. 155-165.

33 Tuck, Richard. "Communications a new date for Filmer´s Patriarcha". *The Historical Journal*, vol. 29, n.1, 1986, p. 183-186.

34 Cuttica, Cesare. *Adam"The father of all flesh": an intellectual history of Sir Robert Filmer and his works in seventeenth-century European political thought*. Florence: European University Institute, 2007, p. 4-5.

35 Holmes, Clive. "Parliament, Liberty, Taxation, and Property". In: Hexter, J. H. (ed.) *Par-*

Neste período, havia certo consenso de que a liberdade dos súditos dependia do direito de propriedade exercido por cada um sobre sua própria pessoa e sobre seus bens, assegurada pelo *status* ocupado na estrutura social. Esta maneira de compreender a liberdade estava relacionada com a linguagem jurídica do período medieval, segundo a qual, um dos sentidos da liberdade remetia às imunidades e aos privilégios dos membros de determinadas coletividades reconhecidas como legalmente livres: abadias, universidades, entre outras. Assim, neste sentido de um direito inviolável de propriedade sobre si mesmo e seus bens, a liberdade era considerada uma consequência do *status* que todo súdito possuía por ser membro de um reino livre como a Inglaterra[36].

Diante da resistência dos primeiros Parlamentos em aceitar uma tributação extraordinária, Jaime I deixou de convocá-los a partir de 1614 e passou a governar baseado unicamente em suas prerrogativas reais. A fim de custear as despesas da coroa, entre outras medidas, recorreu a empréstimos compulsórios, aprisionando os súditos que se recusassem a concedê-los[37].

Seguindo a opinião de juristas da *common law*[38], em particular de Edward Coke — Lorde Chefe da Justiça até 1616, quando foi afastado por Jaime I —, alguns publicistas reagiram ao uso abusivo das prerrogativas reais. Alegavam que o exercício de tais prerrogativas era regulado pelas leis do reino, contanto que não incorressem em prejuízo à liberdade dos súditos[39]. Argumentavam que esta liberdade era um direito

---

liament and Liberty Holmes: *from the reign of Elizabeth to the English Civil War.* Stanford: Stanford University Press, 1992, p. 122-154; Gray, Charles. "Parliament, Liberty and Law". In: Hexter, J.H. (ed.) *Parliament and Liberty: from the reign of Elizabeth to the English Civil War*. Stanford: Stanford University Press, 1992, p. 155-200.

36 Harding, Alan. "Political Liberty in the Middle Age". *Speculum*, n. 55, 1980, p. 423-443

37 Oakley, Francis. "Jacobean Political Theology: The Absolute and Ordinary Powers of the King". *Journal of the History of Ideas*, n. 29, 1968, p. 323-346.

38 A *common law* era definida em termos de costumes, princípios e regras imemoriais (anteriores a data de coroação de Ricardo I em 1189) que haviam sido consagrados pelas cortes de justiça e estavam de acordo com a equidade e a vontade divina. Weston, Corinne. "England: ancient constitution and common law". In: Burns, J. H. (ed.) *The Cambridge History of Political Thought 1450-1700*. Cambridge: Cambridge University Press, 2008, p. 374-411.

39 Sommerville, Johann. "The Ancient Constitution Reassessed the Common Law, the Court,

fundamental, consagrado na Magna Carta, que não podia ser violado pelo rei; e, como direito fundamental, a liberdade não podia ser considerada apenas uma coleção de franquias e imunidades concedidas pelo monarca em ocasiões particulares, mas um direito originário que pertencia a cada súdito de acordo com as leis do reino[40].

De fato, ao comentar a cláusula 29 da Magna Carta, Edward Coke reconhecia três principais significados para a expressão *liberdade dos súditos*: (i) os direitos fundamentais dos súditos, consagrados pelas leis do reino; (ii) os privilégios e franquias que os súditos recebiam do rei ou demandavam por prescrição; (iii) os direitos dos súditos em virtude de serem membros de um reino livre e independente. De acordo com o último sentido, mais comumente utilizado, ser livre significava não estar sujeito ao domínio arbitrário de um senhor e ter o direito de dispor de sua própria pessoa e de seus próprios bens como considerasse mais adequado de acordo com as leis do reino. Se um súdito fosse forçado, por exemplo, a entregar suas terras, pagar um tributo ou fazer parte do exército real, sem consentimento pessoal, teria seu *status* de homem livre comprometido, aproximando-se da condição de servo (o qual não dispunha totalmente de sua própria pessoa), ou mesmo de vilão (o qual dependia do proprietário da terra para dispor dos frutos de seu trabalho[41]).

O debate sobre a liberdade dos súditos intensificou-se com a ascensão de Carlos I ao trono, em 1625. O Primeiro Parlamento reunido não concedeu a este rei, como era costume desde o reinado de Eduardo IV (1461-1483), uma renda vitalícia, mas apenas uma renda provisória que deveria perdurar um ano; tampouco concedeu ao monarca os recursos necessários para levar adiante a guerra que seu pai havia decla-

---

and the Languages of Politics in Early Modern England". In: Smuts, Malcolm (ed.) *The Stuart Court and Europe*. Cambridge: Cambridge University Press, 1996, p. 39-64.

40 Baker, J. H. "Personal Liberty under the Common Law of England, 1200-1600". In: Davis, R. W. (ed.) *The Origins of Modern Freedom in the West*. Stanford: Stanford University Press, 1995, p. 178-202.

41 Coke, Edward. *Select Writings of Edward Coke* (ed. Steve Sheppard). Indianapolis: Liberty Fund. Inc., 2003, p. 1229; 1270.

rado contra a Espanha. Por isso, Carlos I dissolveu imediatamente este Parlamento. Mas as dificuldades financeiras o obrigaram a convocar outro, em fevereiro de 1626, logo dissolvido, por também não lhe conceder os recursos solicitados. Assim como havia feito seu pai, recorreu então a outros expedientes, em particular empréstimos compulsórios, encarcerando os súditos que se recusavam a contribuir[42].

Posteriormente, em 1628, Carlos I teve de reunir o Parlamento em razão dos gastos militares de uma guerra que havia declarado contra a França. Os Comuns utilizaram as primeiras seções para denunciar que a liberdade dos súditos estava sendo violada pelo uso abusivo das prerrogativas reais. Após longos debates, no início de 1629, a maioria parlamentar impôs como condição de concessão aos recursos solicitados a aprovação de um documento intitulado *Petição de Direito* (*The Petition of Right*). Inspirado pelas ideias de Edward Coke — em particular pelos princípios de que todo tributo deveria ser aprovado pelos súditos, representados no Parlamento, e de que todo súdito deveria ter o direito de ampla defesa, caso fosse acusado de algum crime — o documento declarava ilegais a prisão arbitrária, a imposição de tributos sem o consentimento parlamentar e outras medidas que colocavam em risco a liberdade dos súditos, como a convocação forçada para o exército e o uso da lei marcial em crimes que podiam ser julgados pelas cortes de justiça[43].

Carlos I acatou a *Petição de Direito* com a expectativa da aprovação de suas demandas, em especial de uma série de tributos comerciais até o final de seu reinado. Mas os parlamentares se recusaram a aprová-los, alegando que um tributo só poderia ser autorizado na medida em que fosse necessário. O rei ignorou então a *Petição de Direito*, com o argumento de que ela havia sido publicada sem a sanção real. Dissolveu imediatamente o Parlamento, ordenou a prisão de seus principais

---

42 Reeve, L. J. *Charles I and the Road to Personal Rule.* Cambridge: Cambridge University Press, 1989, p. 9-57.

43 *The Petition of Right.* In: Wootton, David (ed.) *Divine Right and Democracy: an anthology of political writing Stuart England.* London: Penguin Classics, 1986, p. 168-170.

opositores e governou por mais de onze anos sem convocar outro Parlamento, baseado apenas em suas prerrogativas[44].

Nesse período de discussão em torno da *Petição de Direito* e do uso das prerrogativas reais, Filmer deve ter escrito o *Patriarcha*, em claro apoio à política real[45]. A sua principal intenção era refutar algumas ideias, tais como a de que os homens eram naturalmente livres e iguais (comuns a autores como Berlarmino e Suarez); a ideia segundo a qual o poder político residia naturalmente no povo e apenas de maneira convencional, por meio do consentimento, no monarca; além da ideia, ainda mais radical (presente em reformadores como Calvino e Buchanan), de que o povo tinha a liberdade para punir e depor um monarca, caso ele transgredisse as leis divinas e humanas. Tais ideias estavam na origem da defesa da soberania popular e do direito de rebelião dos súditos contra a autoridade real[46].

Segundo Filmer, a concepção de que "o gênero humano é naturalmente livre de toda sujeição, com a liberdade de escolher a forma de governo que lhe agrada, e de que o poder que um homem tem sobre os demais foi inicialmente concedido pelo direito humano de acordo com a discrição da multidão" (*Patriarcha*, p. 2) estava em total contradição com as *Escrituras*, a história e os princípios da lei natural. Em sua opinião, fundar o poder político na crença de uma liberdade e igualdade natural entre os homens e o governo civil no consentimento do povo — com a consequente possibilidade de opor-se à autoridade política constituída — seria contrário ao que fora estabelecido por Deus e pela lei natural, dando ocasião a todo tipo de tumulto e desordem.

A refutação à doutrina da liberdade natural dos homens é realizada então em duas grandes frentes. A primeira sustenta-se na defesa da submissão natural dos homens à autoridade política instituída por Deus. A

---

44 Sharpe, Kevin. *The Personal Rule of Charles I*. New Haven: Yale University Press, 1992.

45 A edição de referência sera a editada por Johann P. Sommerville. Filmer, Robert. *Patriarcha and Other Writings*. Cambridge: Cambridge University Press, 2000.

46 Cuttica, Cesare. "Kentish cousin at odds: Filmer´s Patriarcha and Thomas Scott´s Defence of freeborn Englishmen". *History of political though*. Vol. XXVIII. No. 4, 2007, p. 599-616.

segunda fundamenta-se basicamente em três objeções à ideia da liberdade natural: i) se os homens fossem naturalmente livres, eles deveriam em algum momento da história ter decidido estabelecer um governo, porém, não havia qualquer relato histórico acerca de tal decisão; ii) se cada homem fosse naturalmente livre para viver como desejasse, então seria preciso conhecer a razão pela qual os homens consentiram em abandonar esta liberdade para se submeter a um governo, porém, até então, esta razão não fora apresentada de maneira convincente por nenhum autor; iii) se os homens deram seu consentimento, eles também poderiam retirá-lo quando lhes fosse conveniente, o que causaria a dissolução do governo e, consequentemente, a destruição da propriedade e da ordem pública[47].

Filmer elenca ainda vários problemas que não haviam sido abordados pelos teóricos da origem popular do governo. Por exemplo, a maneira como o consentimento havia sido estabelecido: se havia sido tácito ou expresso, absoluto ou condicional, irrevogável ou revogável. Além disso, a ideia de consentimento pressupunha a existência de alguma forma de organização social prévia e alguma regra reconhecida pelos membros do grupo social que antecederia o acordo estabelecido. Assim, caso tenha havido algum consentimento, este só poderia ter ocorrido entre chefes de famílias que juntaram seus domínios particulares numa unidade e transferiram parte de sua autoridade para um único governante[48].

Contra os teóricos da liberdade natural, Filmer sustenta então que a autoridade política é uma extensão da autoridade paterna e que a obrigação política é decorrente da obediência incondicional dos filhos. A sua principal referência é o relato bíblico de que Deus havia criado Adão, do qual foi gerado todo gênero humano, e concedido a ele o domínio absoluto e ilimitado sobre sua família — mulher, filhos, servos e escra-

---

47 Daly, James. *Sir Robert Filmer and English Political Thought*. Toronto: University of Toronto Press, 1979, p. 82-103.

48 Schochet, Gordon J. *The Authoritarian Family and Political Attitudes in 17 th-Century England*. London: Transaction Books, 1988, p. 115-135.

vos — bem como sobre todas as coisas existentes no mundo: "a criação fez um homem príncipe de sua posteridade. E não somente Adão, mas os patriarcas sucessores tiveram, pelo direito de paternidade, autoridade real sobre seus filhos" (*Ibid.*, p. 7). Esta doação do mundo a Adão, pai da humanidade, havia sido então transmitida aos seus descendentes por meio da sucessão hereditária:

> Não vejo como as crianças de Adão ou de qualquer outro homem podem estar livres da sujeição aos seus pais. Sendo esta sujeição das crianças a única fonte de toda autoridade real, pela ordenação do próprio Deus, segue-se que o poder civil não somente é uma instituição divina, mas também deve ser atribuído especificamente ao pai mais velho. (*Ibid.*, p. 7).

No relato de Filmer, o poder patriarcal, que teve início com Adão, prolongou-se por três períodos: o originário, o antediluviano e o pós-diluviano. O último período consistiu na propagação da humanidade, após o dilúvio, no qual o poder real teve origem com a dispersão dos descendentes de Noé: "a maioria das nações civilizadas do mundo procura sua origem em algum dos filhos ou sobrinhos de Noé, que ficaram largamente espalhados depois da confusão de Babel. Nesta dispersão, nós devemos certamente encontrar o estabelecimento do poder real em todos os reinos do mundo" (*Ibid.*, p. 5). A primeira monarquia foi então instituída por Nemrod, que ampliou seu território por meio da usurpação, conquistando outras famílias que estavam sob o domínio de outros patriarcas. O poder foi posteriormente transmitido a Abraão, Isaac, Jacó, Ismael e Esaú, até o cativeiro do Egito, quando os israelitas estiveram sob a sujeição de outro príncipe. Após o êxodo, Deus teria escolhido Moisés e Josué, depois os juízes e, em seguida, teria consagrado os reis que o povo hebreu havia tanto pedido, com o consequente restabelecimento do direito de sucessão em linhagem direta do poder paterno[49].

49 *Id.*, *Ibid.*, p. 136-158.

A monarquia patriarcal foi assim a primeira forma de governo e permaneceu por muito tempo como a única no mundo; e aquilo que havia sido estabelecido por Deus ou encontrava-se na ordem da natureza não podia ser alterado pela vontade humana. A existência de uma multidão de homens livres e iguais com poder para estabelecer o governo que desejassem não era atestada pelas *Escrituras*. Ao contrário, elas deixavam claro que a autoridade política derivava da autoridade paterna, recebida inicialmente por Adão na criação e transmitida posteriormente aos patriarcas e às suas sucessivas gerações: "e sendo a submissão dos filhos a fonte de toda autoridade real, por disposição do próprio Deus, segue-se que o poder civil não só é de instituição divina em geral, mas que também o é em sua atribuição específica aos primeiros pais" (*Ibid.*, p. 57).

Para Filmer, a autoridade paterna não era meramente similar ou análoga à autoridade política, mas idêntica: "Se compararmos os direitos naturais de um pai com os de um rei, encontraremos que são uma mesma coisa, sem diferença entre eles senão na latitude e extensão" (*Ibid.*, p. 63). Consequentemente, se a submissão dos filhos ao pai era natural, o que provava que não havia uma igualdade original entre os homens, natural também deveria ser a submissão dos súditos, cuja obediência ao monarca deveria ser irrestrita e incondicional; e sendo contrária à natureza a desobediência dos filhos, seria também contrária à lei natural julgar, castigar ou depor um monarca.

Ainda segundo Filmer, como o pai exercia sua autoridade para o bem de seus filhos, que dependiam totalmente de sua vontade, o rei também exercia sua autoridade para o bem de seus súditos, os quais, igualmente, dependiam totalmente de sua vontade. Desse modo, a liberdade, a propriedade e os outros direitos dos súditos eram dádivas do rei, cujo poder era absoluto e ilimitado. Aliás, o poder real não era apenas absoluto, mas também arbitrário, no sentido de ser exercido de acordo com o arbítrio do rei, já que não havia superior neste mundo capaz de julgá-lo ou controlá-lo. O poder real procedia exclusivamente da lei de Deus, não havendo outra lei que pudesse limitá-lo ou à qual devesse submeter-se[50]. Por isso, o poder do rei estava acima das leis civis, cuja origem residia exclusivamente em sua livre vontade: "a essência de um rei é o poder de dar leis; sem este poder ele é meramente um rei ambíguo" (*Ibid.*, p. 44).

Segundo Filmer, a única forma natural de governo, compatível com a hierarquia natural e a jurisdição paterna, era a monarquia absoluta e hereditária. Só ela garantia a necessária estabilidade e unidade do corpo político, sendo a mais eficiente e segura forma de governo. A monarquia também era a única forma de governo mencionada nas *Escrituras*, isto é, a única que tinha a aprovação divina: "Deus sempre governou seu povo apenas pela monarquia. Os patriarcas, juízes e reis eram todos monarcas. Não há em toda a Escritura menção e aprovação de qualquer outra forma de governo" (*Ibid.*, p. 84).

Em o *Patriarcha*, encontramos então duas estratégias de argumentação. A primeira consiste em buscar passagens das *Escrituras* e exemplos na história de Israel que permitam concluir que a monarquia hereditária e absoluta havia sido instituída e aprovada por Deus. A segunda consiste em dar uma interpretação *político-teológica* a conceitos encontrados nas *Escrituras* a fim de fundamentar as teses pretendidas, em particular, a origem divina da realeza e o caráter absoluto e arbitrário do poder monárquico como extensão do poder paterno.

Em *Obervations Concerning the Originall of Government*, publicado em 1652, Filmer volta a criticar a ideia da origem consensual do governo, defendida por alguns de seus contemporâneos, como John Milton e Thomas Hobbes[51]. Após demonstrar sua admiração pela teoria hobbesiana da soberania, enfatiza sua discordância da maneira como ela havia sido alicerçada, uma vez que não se assentava em princípios extraídos da razão e das *Escrituras*: "concordo com ele [Hobbes] sobre

---

50 Daly, James. *Sir Robert Filmer and English Political Thought*. Toronto: University of Toronto Press, 1979, p. 57-81.

51 Filmer, Robert. *Obervations Concerning the Originall of Government*. In: Sommerville, J. (ed). *Patriarcha and Other Writings*. Cambridge: Cambridge University Press, 2000, p. 184-234.

os direitos de exercício do governo, mas não posso concordar com seu meio de adquiri-los [...] seu direito de natureza e seu reino por instituição não me convenceram, parecem repletos de contradições" (*Obervations Concerning the Originall of Government*, p. 231).

Segundo Filmer, se Hobbes admitia a existência da autoridade paterna, com poder de vida e de morte, antes da instituição do governo, sua concepção de um pacto entre indivíduos livres e iguais por natureza não se sustentava, uma vez que já havia claramente uma hierarquia entre os homens e uma autoridade constituída no seio familiar. Além disso, o suposto estado de natureza no qual todos teriam direito a tudo era contrário à doação divina feita a Adão, descrita nas *Escrituras*: "se Deus também deu para Adão não apenas o domínio sobre a mulher e as crianças que derivaram dele, mas também sobre a terra inteira para dominá-la, e sobre todas as criaturas também, então enquanto Adão viveu nenhum homem poderia reclamar ou gozar alguma coisa que não fosse por doação, designação ou permissão dele" (*Ibid.*, p. 234).

Enfim, se as *Escrituras* ensinavam que Adão fora o pai da humanidade, governando sua descendência como um autêntico rei, a descrição hobbesiana do estado de natureza era uma evidente blasfêmia:

> Não posso entender como esse direito natural pode ser concebido sem imaginar uma companhia de homens na qual todos foram criados ao mesmo tempo em um só instante, sem nenhuma dependência de um para o outro [...] quando as *Escrituras* nos ensinam de outra maneira, que todos os homens surgiram pela sucessão e geração de um só homem. Não devemos assim negar a verdade da história da criação. (*Ibid.*, p. 325).

O interesse pelo *Patriarcha* e por outros escritos políticos de Filmer, reunidos e publicados no período da chamada crise de exclusão, era em grande parte motivado pela retomada de questões intensamente discutidas no decorrer da dinastia Stuart, como a relação entre o rei e o Parlamento e a forma da monarquia inglesa, que permaneciam como pano de fundo depois da restauração.

1.4. A autoridade suprema do reino

Em *The Freeholders Grand Inquest Touching our Soveraigne Lord the King Against his Parliament*, publicado em 1648, Filmer defende a total sujeição do Parlamento ao rei, visto que o rei detinha a autoridade política suprema na Inglaterra[52]. A sua principal tese é de que o Parlamento ou Conselho Comum do reino havia sido criado pelo rei para auxiliá-lo em suas decisões, sendo convocado por ele apenas para aconselhá-lo, sem qualquer autonomia ou independência em relação à vontade do monarca: "as liberdades e privilégios de ambas as casas têm uma e mesma fundação, a qual nada mais é que a mera e única graça dos reis" (*The Freeholders*, p. 99).

Com base em relatos históricos, Filmer alega que os Comuns, representantes dos proprietários de terras com rendimento inferior a 40 xelins por ano (*freeholders*), jamais foram convocados para fazer parte do Conselho Comum do reino (encarregado de julgar e legislar), mas apenas para consentir sobre os regulamentos apresentados pelo rei. A Casa dos Lordes ou o Conselho Comum, por sua vez, tinha somente a função de aconselhar o rei, o único a ter o poder de ordenar e estabelecer leis estatutárias, por ser o juiz supremo do reino: "as palavras, em geral, utilizadas nos últimos tempos, de que as leis são feitas pela autoridade do Parlamento, são particularmente explicitadas nos estatutos para significar que o rei ordena, os lordes aconselham e os comuns consentem" (*Ibid.*, p. 100).

O Parlamento inglês era considerado por muitos publicistas uma extensão do conselho de barões (*commune concilium regni*), cuja função originária era aconselhar e auxiliar (*concilium et auxilium*) o rei no governo do reino. Por emanar do poder real, já que competia ao rei decidir quando convocá-lo, reuni-lo ou dissolvê-lo, seria apenas um órgão consultivo, no qual os súditos poderiam falar o que tinham em

52 Filmer, Robert. *The Freeholders Grand Inquest*. In: Sommerville, J. (ed). *Patriarcha and Other Writings*. Cambridge: Cambridge University Press, 2000, p. 69-130.

mente, como denotava a suposta origem francesa de seu nome (*parler leur ment*)[53].

Apoiado na doutrina do direito divino dos reis, Jaime I reivindicava sua superioridade sobre o Parlamento com o argumento de que sua autoridade provinha diretamente de Deus, o que o colocava acima de todas as autoridades humanas. Por isso, ele não tinha de prestar contas de suas ações a não ser diante de Deus; e todas as suas determinações deviam ser obedecidas sem questionamentos, como uma obrigação religiosa e moral[54]. Detentor de um poder supremo e absoluto, ele podia dispor da vida, liberdade e propriedade de seus súditos, quando considerasse necessário, unicamente de acordo com sua vontade[55].

Assim, em seu discurso ao Parlamento em 1610, Jaime I alertava que os privilégios dos parlamentares, assim como as liberdades dos súditos, derivavam unicamente de sua vontade, sendo concedidos com a condição de que eles se mantivessem nos limites da lealdade e obediência. O seu principal argumento era de que os Parlamentos haviam sido historicamente instituídos pelos reis ingleses, o que provava a sua dependência e submissão em relação ao poder real[56].

Em contraposição, os Comuns sustentavam que os seus privilégios — os mais tradicionalmente mencionados eram a liberdade de expressão e de votação; a garantia de não ser preso nem ter seus servidores encarcerados no período de reunião; o acesso ao rei em todas as ocasiões que fossem necessárias; e a promessa real de que interpretaria de forma benévola as propostas apresentadas — eram inerentes ao próprio Parlamento e não podiam ser ameaçados pela vontade do rei. O

---

53 Peck, Linda L. "Kingship, counsel and law in early Stuart Britain". In: Pocock, J. G. A. (ed.) *The varieties of British political thought, 1500-1800.* Cambridge: Cambridge University Press, 1993, p .80-115.

54 Jaime I. *The Trew Law of Free Monarchies* (1598). In: Sommerville, Johann (ed). *Political Writings Jaime I.* Cambridge: Cambridge University Press, 1990.

55 Sommerville, Johann. "James I and the Divine Right of Kings, English Politics and Continental Theory". In: Peck, Linda L. (ed.) *The Mental of the Jacobean Court.* Cambridge: Cambridge University Press, 1991, p. 55-70.

56 Jaime I. *A speech to the Lords and Commons of the Parliament at White-Hall* (1610). In: Wootton, David (ed.) *Divine Right and Democracy.* London: Penguin Books, 1986, p. 107-110.

argumento normalmente utilizado era de que, se fosse permitido ao monarca remover os parlamentares durante as seções, banir do debate matérias que considerasse inadequadas ou controlar a agenda das discussões, os Comuns ficariam impedidos de cumprir com as obrigações para as quais haviam sido eleitos[57]. Em geral, eles não se viam como simples delegados apontados pelas suas localidades, com poderes limitados pela comissão que lhes fora dada (tal como ocorria com seus antecessores medievais), mas como porta-vozes de todos os súditos, com plenos poderes para atuar em benefício geral. Embora fossem escolhidos por uma região em particular, quando ocupavam uma cadeira no Parlamento, representavam os interesses do reino[58].

O objetivo de Filmer era refutar os argumentos de panfletos que, com o início das guerras civis, passaram a defender a superioridade do Parlamento sobre o rei. Por exemplo, em *Soveraigne Power of Parliaments and Kingdomes* (1643), William Prynne sustentava que o Parlamento, como legítimo representante do povo, podia restringir ou mesmo abolir as prerrogativas reais, caso elas fossem onerosas aos súditos ou inconsistentes com as leis do reino. Isto porque, embora o rei fosse considerado o principal membro do Parlamento, ele estava subordinado aos outros dois estados. Retomando a máxima medieval — *singulis major, universi minor* — utilizada por alguns juristas franceses para defender a superioridade da Assembleia dos Estados Gerais sobre o rei francês, Prynne defendia a supremacia do Parlamento sobre o rei inglês[59].

Se alguns publicistas já haviam enfatizado que a autoridade última do governo residia no povo, ainda não havia sido claramente enunciado que o Parlamento era o povo. Muitos escritores já haviam produzido

---

57 Sacks, David. "Parliament, Liberty and the Commonwealth". In: Hexter, J.H. (ed.) *Parliament and Liberty: from the reign of Elizabeth to the English Civil War.* Stanford: Stanford University Press, 1992, p. 85-121.

58 Sommerville, Johann. "Parliament, Privilege, and the Liberties of the Subject". In: Hexter, J.H. (ed.) *Parliament and Liberty: from the reign of Elizabeth to the English Civil War*. Stanford: Stanford University Press, 1992, p. 56-84.

59 Prynne, William. *Soveraigne Power of Parliaments and Kingdomes* (1643), disponível em www.eebo.chadwyck.com. Para uma análise detalhada deste panfleto ver Lamont, William M. *Marginal Prynne 1600-1669*. London: Routledge & K. Paul, 1963, p. 85-119.

teorias de governo com base no consentimento popular, mas poucos haviam atribuído a autoridade suprema aos representantes do povo, reunidos no Parlamento. Foi nesse período que se consolidou a ideia de que o Parlamento — não aquele constituído pelo rei, lordes e comuns, que atuavam de maneira coordenada, mas apenas as duas Casas reunidas — espelhava a vontade do povo. Por isso suas ações, mesmo quando contrárias ao rei ou aos estatutos legais, estariam justificadas, já que seriam sempre dirigidas para o bem-estar do povo[60].

A fim de sustentar a superioridade do monarca inglês, contra os publicistas que defendiam a supremacia parlamentar, Filmer recorreu aos principais argumentos utilizados por escritores realistas de seu tempo: se o rei exercia o poder legislativo em conjunto com o Parlamento, era por sua única e exclusiva vontade; se ele ouvia os conselhos dos lordes e comuns, era por respeito aos seus súditos; e se ele aceitava certas limitações no exercício de seu poder, era por considerá-las adequadas e não por serem obrigatórias. Pela sua condição de representante de Deus na Terra, o rei inglês não estava sujeito às leis humanas e detinha o poder de exercer de maneira exclusiva e discricionária a suprema autoridade política, sendo ilegítima qualquer forma de desobediência aos seus comandos[61].

Na tradicional metáfora do corpo político, o rei era apresentado como a cabeça deste corpo, o detentor de todas as prerrogativas necessárias para governar (*gubernaculum*) e atribuir justiça (*jurisdictio*). Entre as prerrogativas do rei, inseparáveis de seu ofício, algumas eram ordinárias, como o poder de decretar guerra e paz, cunhar moeda, apontar ministros e conselheiros, reunir e dissolver Parlamentos; outras eram absolutas, como o poder de legislar sem estar submetido à lei (*legibus solutus*). Assim, como o poder supremo pertencia exclusiva-

---

60 Hirst, Derek M. "Freedom, Revolution and Beyond". In: Hexter, J.H. (ed.) *Parliament and Liberty*. Stanford: Stanford University Press, 1992, p. 252-274.

61 Judson, Margaret A. *The crisis of the constitution: an essay in constitutional and political thought in England 1603-1645*. New Brunswick: Rutgers University Press, 1949; Burgess, Glenn. *Absolute Monarchy and the Stuart Constitution*. New Haven: Yale University Press, 1996.

mente ao rei — detentor da última palavra nos assuntos do reino —, ele podia desconsiderar as sugestões dos parlamentares e até mesmo contrariar as leis estatutárias que haviam sido aprovadas no Parlamento[62].

Em 1648, Filmer publicou *The Anarchy of a Limite or Mixed Monarchy*, no qual reproduzia as críticas de Jean Bodin ao regime misto, com base no princípio da indivisibilidade do poder soberano. O seu principal objetivo era atacar a tese, defendida por vários publicistas de seu tempo, em particular Philip Hunton, de que a monarquia inglesa era mista e limitada[63].

A ideia de que a monarquia inglesa era mista e limitada tinha sua principal referência na obra de John Fortescue, *De Laudibus Legum Anglie* (1471)[64]. Neste tratado, o regime inglês era descrito como um *dominium regale et politicum*. Fortescue reunia assim dois conceitos utilizados por Ptolomeu de Luca: o *dominium regale* que designava o governo de um só homem de acordo com sua vontade, próprio dos principados; e o *dominium politicum* que designava o governo baseado na lei e na participação dos cidadãos no exercício do poder político, próprio das repúblicas[65].

Fortescue não via na monarquia inglesa nem um *dominium regale* (uma vez que o governo não era exercido de maneira arbitrária pelo monarca), tampouco um *dominium politicum* (já que o governo não era exercido pelo conjunto dos cidadãos). Ele acreditava que se tratava então de uma forma híbrida, da mistura e combinação das duas formas

---

62 Eccleshall, Robert. *Order and Reason in Politics: Theories of Absolute and Limited Monarchy in Early Modern England*. Oxford: Oxford University Press, 1995; Wilcher, Robert. *The writing of Royalism, 1628-1660*. Cambridge: Cambridge University Press, 2001, p. 67-89; Daly, James. "The Idea of Absolute Monarchy in Seventeenth-Century England". *The Historical Journal*, n. 2, 1978, p. 227-250.

63 Filmer, Robert. *The Anarchy of a Limite or Mixed Monarchy*. In: Sommerville, J. (ed). *Patriarcha and Other Writings*. Cambridge: University Press, 2000, p. 131-171.

64 Skell, Caroline A. "The influence of the writtings of Sir John Fortescue". *Transactions of the Royal Historical Society*, n. 10, 1916, p. 91-107; Nederman, Cary J. *Lineages of European Political Thought*. Washington: The Catholic University of America Press, 2009, p. 261-276.

65 Ptolomeu de Lucca. *On the Government of Rulers*. Philadelphia: University of Philadelphia Press, 1977.

de governo[66]. O principal mérito deste regime misto estava em impor limites legais ao monarca, impedindo-o de agir contra as leis do reino e de fazer uso de seu poder de maneira discricionária. Diferentemente do *dominium regale,* que submetia os súditos à vontade arbitrária do monarca, subjugando-os em troca de proteção, o *dominium regale et politicum* tinha seu fundamento no respeito à lei e no consentimento dos súditos[67].

Para Fortescue, todo regime político tinha sua origem numa deliberação do povo, anteriormente constituído por meio da comunidade de bens e de leis. No caso inglês, a escolha da monarquia havia sido precedida por esta partilha e, consequentemente, o monarca não podia alterar as condições legais com base nas quais devia governar, nem atentar contra os bens de seus súditos[68]. As leis posteriormente decretadas também não eram fruto apenas da vontade do monarca, já que demandavam a aprovação dos outros dois estados do reino; e uma vez aprovadas, elas se impunham a todos, inclusive ao monarca, evitando o surgimento da tirania. A necessária aprovação parlamentar das leis, aliada à autoridade independente dos conselheiros reais, impunha uma barreira eficaz contra práticas discricionárias por parte do rei. Desse modo, as liberdades dos súditos estavam asseguradas, sem que infringissem a autoridade real, uma vez que a obrigação de governar de acordo com as leis do reino implicava que o rei inglês, diferentemente de outros monarcas, como o rei francês, não podia tributar seus súditos de maneira arbitrária, impor decretos e estatutos conforme sua vontade, aprisionar seus súditos sem justa causa ou condená-los sem julgamento[69].

---

66 Gilbert, Felix. "Sir John Fortescue´s 'Dominium regale et politicum'". *Medievalia et Humanistica*, n. 2, 1944, p. 88-97.

67 Fortescue, J. *On the Laws and Governance of England.* Cambridge: Cambridge University Press, 1999, p. 128-136

68 Callahan, T. "Blood, Sweat, and Wealth: Fortescue´s Theory of the Origin of Property". *History of Political Thought*, n. 17, 1996, p. 21-35; Shepard, Max Adams. "The Political and Constitutional Theory of Sir John Fortescue". *Essay in History and Political Theory in Honor of Charles H. McIlwain.* New York: Russel & Russel, 1967, p. 289-319.

69 Fortescue, J. *On the Laws and Governance of England*, p 49-54; 83-92.

A mesma ideia de que a monarquia inglesa era mista e limitada foi retomada no debate que antecedeu as guerras civis, sendo disseminada principalmente pelo documento real, publicado em 18 de junho de 1642, intitulado *His Majesty's Answer to the Nineteen Propositions of both Houses of Parliament.* Este documento era a tentativa da coroa de responder às proposições do Parlamento apresentadas ao rei duas semanas antes, intituladas *The Nineteen Propositions of both Houses of Parliament.* Neste documento, os parlamentares demandavam, entre outras atribuições, o controle do exército, a efetiva participação na reforma da Igreja, a nomeação de juízes, ministros e conselheiros do rei, a aprovação das principais decisões do conselho real. No que diz respeito ao processo legislativo, reivindicavam o assentimento do rei para os atos aprovado pelas duas Casas. Neste aspecto, os parlamentares censuravam a prerrogativa real da voz negativa, isto é, o direito do rei de vetar uma proposta de legislação feita pelo Parlamento, com o argumento de que ficar na dependência da vontade do monarca seria reduzir toda nação à condição de servidão.

Antes de responder às reivindicações dos parlamentares, o documento real — escrito por dois assessores, John Colepeper e Lucius Cary — tecia alguns comentários sobre a forma de governo do reino inglês. Depois de descrever as três formas simples de governo, ressaltando suas qualidades e seus defeitos, os autores do documento sustentavam que o melhor regime político era aquele no qual os três estados — rei, lordes e comuns — estivessem reunidos, de modo que tal composição trina evitasse os inconvenientes de cada uma das formas simples e mantivesse o que cada uma delas apresentasse de melhor. Essa admirável mistura, fruto da experiência e sabedoria dos ancestrais, era a marca característica da monarquia inglesa, que unia os três estados do reino num perfeito equilíbrio. Os autores do documento ainda enfatizavam a igual participação dos três estados na elaboração das leis do reino, prerrogativa considerada uma das principais funções do governo. Segundo os assessores, todas as leis estatutárias eram feitas no Parlamento de maneira compartilhada entre rei, lordes e comuns. Colepeper e Cary também descreviam os poderes específicos de cada um dos estados: ao monarca, cabia a declaração de guerra e paz, a criação e escolha dos oficiais e conselheiros, a indicação de juízes, a nomeação de comandantes do exército, a prerrogativa do perdão, entre outras atribuições; aos lordes, competia o poder de julgar e de preservar a lei, bem como a prerrogativa de intermediar as relações entre o monarca e o povo; já aos comuns, competia levantar recursos financeiros para as ações de governo que julgassem necessárias e, ainda, barrar medidas arbitrárias que contrariassem as leis do reino. O rei não era assim apresentado como a autoridade política suprema de um corpo composto por três estados — lordes espirituais, lordes temporais e comuns — mas como um dos três estados[70].

Os principais objetivos do documento eram justificar as concessões que haviam sido feitas ao Parlamento desde 1640 e preservar as prerrogativas reais, quais sejam: o poder de nomear ministros, oficiais e juízes (cujo exercício impedia que os parlamentares controlassem a administração do reino) e o poder de veto no processo legislativo (o qual condicionava a publicação das ordenanças do Parlamento à aprovação final do rei). O documento visava também mostrar o rei como o defensor da antiga constituição, violada pelos parlamentares com suas demandas pela suprema autoridade no reino. A pessoa do rei era apresentada como o cerne do balanço e equilíbrio necessários para manter o reino unido e evitar os males da tirania, das facções e da anarquia, provenientes da corrupção das três formas simples de governo[71].

Alguns realistas tentaram posteriormente corrigir a parte introdutória do documento, explicando que houvera um erro de seus autores ao designar rei, lordes e comuns como os três estados, uma vez que os três estados do reino eram os lordes espirituais, os lordes temporais e

---

70 *The Nineteen Propositions Made by Both Houses of Parliament to the Kings Most Excellent Majestie: With His Majesties Answer Thereunto* (1642). In: Malcolm, Joyce L. (ed.) *The struggle for sovereignty: seventeenth-century English Political Tracts*. Indianapolis: Liberty Fund, 2000, p. 145-178.

71 Smith, David L. *Constitutional Royalism and the Search for Settlement, 1640-1649*. Cambridge: Cambridge University Press, 1994.

os comuns, que constituíam o corpo político cuja cabeça era o rei. As novas edições do documento, a partir de 1643, passaram até a omitir essa seção dedicada à descrição da monarquia inglesa. Mas o princípio da coordenação no processo legislativo já havia sido amplamente assimilado no debate político[72].

O mesmo princípio foi defendido por Philip Hunton em *Treatise of Monarchy* (1643), no qual propunha três critérios para classificar os governos[73]. O primeiro distinguia o governo absoluto (caracterizado pelo exercício do poder segundo a vontade de seu detentor) do governo limitado (caracterizado pelo exercício do poder de acordo com a lei). O segundo critério diferenciava os tipos de sucessão como eletiva ou hereditária. O terceiro distinguia as formas simples de governo (monarquia, aristocracia e democracia) em relação à forma mista, a qual combinava as características da monarquia (unidade e força), da aristocracia (sabedoria e prudência), e da democracia (liberdade e respeito comum ao bem público) no processo de legislação, ato supremo do governo. Com base nesses critérios, a monarquia inglesa era considerada limitada e mista, tendo em vista que o poder do monarca era regulado pela lei e a atividade legislativa era exercida conjuntamente pelo rei, lordes e comuns, quando estavam no Parlamento[74].

Hunton não foi o primeiro a defender a figura do rei-no-Parlamento, mas percebeu o pleno significado dessa composição: a monarquia inglesa era, em sua natureza, mista e, por isso, limitada. Se nem toda monarquia limitada era mista, toda monarquia mista era necessariamente limitada. Isto porque a atividade legislativa partilhada evitava a concentração do poder e restringia os seus abusos[75].

---

72 Mendle, Michael. *Dangerous Positions: mixed government, the estates of the realm, and the making of the Answer to the XIX Propositions*. Alabama: University of Alabama Press, 1985, p. 5-97.

73 Hunton, Philip. *A Treatise of Monarchy*. In: Wootton, David (ed). *Divine Right and Democracy: an anthology of political writing Stuart England.* London: Penguin Classics, 1986, p. 175-213.

74 Hunton, Philip. *A Treatise of Monarchy*, p. 178-199.

75 Tuck, R. *Philosophy and Government 1572-1651*. Cambridge: Cambridge University Press, 1993, p. 235-236.

Ao tratar da origem do governo civil, Hunton sustentava que o povo inglês havia estabelecido por consenso uma monarquia limitada. Isto desde a época dos saxões, quando restrições ao poder real receberam um caráter mais formal, sendo consagradas posteriormente pelas leis fundamentais e costumes do reino. Essas restrições foram depois aperfeiçoadas pelo Parlamento no decorrer dos séculos. O poder real tinha assim uma clara limitação legal, não apenas no seu exercício, mas também na sua origem, o que obrigava o rei a agir dentro dos limites estabelecidos pela *common law*[76].

Em seu panfleto, Filmer critica a distinção feita por Hunton entre duas espécies de monarquia, uma absoluta e outra mista e limitada. Contrapõe-se também à afirmação de que a monarquia absoluta era um regime ilícito, porque nele a liberdade dos súditos era nula e a vontade do rei estava acima da lei. Para Filmer, independentemente da maneira pela qual o monarca tenha chegado ao poder — conquista, eleição ou sucessão — a monarquia será sempre a mesma. Além disso, não há precedentes na antiguidade, nem menção nas *Escrituras*, de uma espécie de monarquia mista e limitada. Ela seria uma forma atípica e contraditória na qual o poder supremo não teria um lugar definido, assemelhando-se mais a uma verdadeira anarquia. Ao subordinar o monarca a desempenhar um papel limitado pelas leis, o regime misto comprometeria completamente a soberania do governo:

> Governar é dar uma lei aos outros, e não ter uma lei dada para governar e limitar aquele que governa. E governar sozinho é não ter parceiros ou acompanhantes misturados no governo. Assim, as duas palavras das quais o termo monarquia é composto contradizem os dois tipos de monarquia [mista e limitada] que ele [Hunton] pleiteia e, consequentemente, todo seu tratado (*The Anarchy of a Limite or Mixed Monarchy*, p. 138).

Em *Observations upon Aristotles Politiques Touching Forms of Go-*

---

76 Hunton, Philip. *A Treatise of Monarchy*, p. 199-208.

vernment, publicado em 1652, Filmer volta a defender que a única forma lícita de governo é a monarquia e que não haveria outra senão a monarquia paterna, absoluta e arbitrária[77]. A sua principal intenção é provar a naturalidade do governo monárquico por meio da filosofia política de Aristóteles, que atestaria a origem familiar da *polis* e, consequentemente, a procedência da obrigação política do poder paterno: "O próprio Aristóteles afirma que há um fundamento na natureza para a monarquia, ao dizer que os primeiros reis foram pais de família" (*Observations upon Aristotles Politiques*, p. 237).

Neste panfleto, Filmer argumenta que os equívocos cometidos por Aristóteles e outros filósofos pagãos a respeito das formas de governo derivavam do desconhecimento acerca da verdadeira história da criação, revelada nas *Escrituras*. Segundo os textos sagrados, a autoridade patriarcal encontrava-se na origem da autoridade política. Dessa maneira, se Aristóteles reconhecia que a primeira forma de governo havia sido a monarquia, caso ele conhecesse as *Escrituras*, reconheceria também que a única forma de governo natural era a monarquia absoluta.

---

77 Filmer, Robert. *The Anarchy of a Limite or Mixed Monarchy. In: Sommerville, J. (ed). Patriarcha and Other Writings.* Cambridge: Cambridge University Press, 2000, p. 235-286.

2. LIBERDADE, LEI NATURAL E DIREITO NATURAL

Diferentemente de seus contemporâneos que concentraram a refutação ao *Patriarcha* em alguns temas específicos, Sidney procurou fazê-lo de maneira ampla, contestando o panfleto quase parágrafo por parágrafo, numa réplica minuciosa de todos os argumentos mobilizados por Filmer. A refutação com base na lei natural fora feita principalmente na primeira parte dos *Discourses Concerning Government*, bem como nas primeiras seções da segunda e da terceira parte[1].

Se para Filmer o desejo de liberdade teria sido a causa do pecado original do homem, que se tornou, desde então, moralmente incapaz de autogovernar-se, tendo de submeter-se à autoridade do patriarca escolhido e sancionado por Deus, Sidney sustenta que a liberdade é um direito natural, que só pode ser restringido por meio do consentimento: "o homem é naturalmente livre e não pode ser justamente privado dessa liberdade sem uma causa. Ele não deve abandoná-la ou alguma parte dela, a não ser que seja em consideração de um grande bem que ele proponha para si mesmo" (*Discourses*, I, 2, p. 8).

Ora, como esta liberdade é concedida igualmente a todos os homens, a igualdade também é uma característica da condição humana; e entre iguais por natureza não pode haver precedência de uns sobre os outros[2]:

> Se todo homem é livre até ingressar numa sociedade que escolheu para alcançar seu próprio bem, e essa sociedade deve ser regulada por ela própria como considerar melhor, nada mais pode ser requisitado para provar a igualdade natural na qual todos os homens nasceram e con-

---

1 A composição dos *Discourses* segue a mesma estrutura do *Patriarcha*, ou seja, está dividida em três partes, cada parte com dezenas de seções. O *Patriarcha* é composto de 46 seções e as três partes têm como títulos: "os primeiros reis foram pais de família"; "é contrário à natureza o governo do povo ou a escolha de governantes"; "as leis positivas não infringem o poder natural dos reis". Já os *Discourses* não apresenta títulos em suas três partes e é composto por 98 seções.

2 *Id., Ibid.* I, 12, p. 33-36.

tinuam até o estabelecimento das sociedades para seu próprio bem. (*Ibid.*, I, 12, p. 35).

A consequência dessas premissas é a recusa de qualquer hierarquia natural entre os homens e de qualquer dever natural de obediência ou de sujeição[3]:

> Se a natureza não fez um homem senhor de seus semelhantes, este não pode vir a ser seu senhor, a não ser que eles o tornem ou que ele os submeta. Se ele os submeter, será um ato de violência, contrário ao direito, e que pode ser consequentemente revertido [...] Mas como a razão é nossa natureza, não pode ser natural para nós o que não for racional. A razão determina *paria paribus* (iguais coisas para iguais), igual poder para aqueles que têm habilidades e méritos iguais. (*Ibid.*, II, 4, p. 94).

Essa liberdade natural, que fundamenta a igualdade, não implica para Sidney em licenciosidade, uma vez que ela deve ser exercida segundo a lei natural, ou seja, de acordo com a natureza racional do homem[4]. Numa linguagem comum à época, a lei natural é apresentada como a luz da razão concedida por Deus para a distinção entre o bem e o mal, uma espécie de guia de acesso às verdades morais a partir das quais os homens devem determinar sua conduta e examinar os motivos de suas ações[5]: "A lei da natureza não é uma regra que Deus estabeleceu para todas as coisas? A lei da natureza humana não é a razão, uma emanação da sabedoria divina ou alguma impressão da luz divina deixada em nós? " (*Ibid.*, III, 4, p. 338).

2.1. Locke e a obrigação moral da lei natural

---

3 *Id., Ibid.* II, 4, p. 94-95; II, 9, p. 131.

4 *Id., Ibid.* I, 13, p. 38-39.

5 Carrive, Paulette. *La pensée politique d'Algernon Sidney*. Paris: Meridiens, 1989, p. 83-98.

A fim de refutar as ideias expostas no *Patriarcha*, em particular a defesa da submissão natural, Locke também concebeu a condição natural da humanidade como um estado de perfeita liberdade e igualdade. Em *The Second Treatise of Government*, os homens são descritos como naturalmente iguais, no sentido de que não há qualquer sujeição de uns em relação a outros. Os homens também são descritos como naturalmente livres, no sentido de que eles podem regular suas ações e dispor de sua própria pessoa e de tudo que a ela pertence conforme julgarem mais adequado, sem precisar pedir permissão ou depender da vontade de seu semelhante. Há, desse modo, um vínculo estreito entre liberdade e igualdade, uma vez que a liberdade só é compreensível por meio da referência à igualdade: por serem iguais, os homens são livres. Em outros termos, é necessário conceber os homens como iguais, sem relações naturais de sujeição, para vê-los como livres[6].

Embora a liberdade natural consista na independência do indivíduo em relação aos seus semelhantes, ela não deve ser entendida como uma prerrogativa ilimitada. Locke adverte que o estado de natureza não se caracteriza por um estado de licenciosidade ou de ausência total de restrições ou obrigações, uma vez que a liberdade natural deve ser exercida dentro dos limites da lei natural, que governa e obriga a todos igualmente[7].

Apesar de ser uma noção relevante na argumentação de Locke, não há em seu tratado sobre o governo uma reflexão sistemática sobre a lei natural. Ela só aparece num conjunto de dissertações acadêmicas, escritas entre 1663 e 1664, quando ainda lecionava filosofia moral em Oxford[8].

Logo no início da primeira dissertação, Locke argumenta não ser

---

6 Locke, J. *The Second Treatise of Government*. In: Locke, J. *Two Treatises of Government* (ed. Peter Laslett). Cambridge: Cambridge University Press, 2000, cap. II, p. 269-270.

7 *Id.*, *Ibid.*, cap. II, p. 270-271.

8 Estas dissertações foram publicadas pela primeira vez em 1954, com o título "Questões a respeito da lei de natureza", e, mais recentemente, com o título "Ensaios sobre a lei de natureza". Locke, J. *Ensaios sobre a lei de natureza*. In: Locke, J. *Ensaios Políticos* (ed. Mark Goldie). São Paulo: Martins Fontes, 2007.

possível inferir que o homem seja a única criatura isenta de qualquer lei aplicável a si, diferentemente de todo o restante da criação divina, a qual é regulada por "leis válidas e fixas de operação apropriada à natureza" de cada ser. A lei natural, a qual todos os homens devem se submeter, fora designada de diversas maneiras. Ora equiparada ao "bem ou virtude moral" perseguido pelos filósofos, especialmente os estoicos; ora identificada à "reta razão", entendida como "certos princípios definidos de ação dos quais emergem todas as virtudes e tudo quanto é necessário para a moldagem apropriada da moralidade"; ora representada pela noção mais ampla de uma "lei que cada um pode detectar meramente pela luz plantada em nós pela natureza", isto é, representada pela "regra de viver de acordo com a natureza que os estoicos tanto enfatizaram" (*Ensaios sobre a lei de natureza*, p. 101-2).

Entre essas diferentes designações, Locke afirma que a menos apropriada talvez seja reta razão ou ditado da razão, uma vez que não é a razão que a estabelece, mas apenas a descobre e a interpreta em seu esforço de compreender a experiência sensorial[9]. Trata-se de uma lei instituída por Deus, seu único e supremo legislador, conquanto possa ser conhecida pela razão. Por ser um comando divino e por manifestar racionalmente o que é certo, ela constrange igualmente a todos, estabelecendo uma obrigação moral. A sua força obrigatória provém então de sua conformidade com a vontade divina e com a própria razão[10].

Além da clara influência da concepção estoica, tal como foi propagada por Cícero, de que há uma lei natural inscrita em todos os seres humanos, impondo-se a todos igualmente em todos os tempos e lugares, produto da força moral que age na razão humana[11], é possível também reconhecer na concepção lockeana de lei natural a forte influência da reflexão teológica de Tomás de Aquino. Na primeira parte da segunda parte de sua *Suma Teológica*, entre as questões 90 e 108,

---

9 Locke, J. *Ensaios sobre a lei de natureza*, p. 124-131.
10 *Id.*, *Ibid.*, p. 143-157.
11 Cícero. *De legibus* 1, 18; *Da Republica* III, XXII,33.

Aquino aborda o tema da lei. Ela é inicialmente definida como uma regra e medida cuja função é regular e avaliar as ações humanas; e como regular ou avaliar é uma atividade racional, seria preciso concluir que a lei é algo que pertence à razão, no sentido de ser um ordenamento da razão[12].

Ao definir lei como um ordenamento da razão, Aquino tem em mente um tipo específico de raciocínio orientado para um fim. Mantendo a perspectiva teleológica, ele sustenta que toda ação visa um fim, sendo que há um fim último, mais adequado do que os demais, de acordo com o princípio ordenador. No caso do ser humano, devido a sua natureza, o princípio ordenador é racional; e nada parece ser mais racional do que buscar o fim supremo, superior aos demais e próprio da natureza humana, que é a felicidade. Ora, como os homens estão naturalmente inclinados ao convívio em sociedade, o bem comum é parte constituinte da felicidade humana. Desse modo, a lei é definida como uma ordem da razão que visa o bem comum, estabelecida e promulgada por aquele a quem compete dirigir a comunidade[13].

No caso do universo, regido por Deus, a lei é decretada por Ele e recebe o nome de lei eterna, visto que a razão divina nada concebe temporalmente. Esta lei superior corresponde ao ordenamento racional presente na mente divina para tudo o que é criado[14]. Como todo ser participa de algum modo da lei eterna, por causa de sua natureza, todo ser é dotado de uma regra impressa pela lei eterna que faz com que ele se incline para seu próprio fim.

Mas esta participação ocorre de maneira diferenciada, já que cada ser participa proporcionalmente à capacidade de sua natureza. No caso do ser humano, ele pode participar dela na medida em que busca, por meio de seu intelecto prático, preceitos básicos para agir. Desse modo, a razão prática garante ao ser humano a participação na lei eterna, na

---

12 Tomás de Aquino. *Suma Teológica,* I, II, questão 90, artigo 1.
13 *Id., Ibid.,* I, II, questão 90, artigos 2 e 3.
14 *Id., Ibid.,* I, II, questão 91, artigo 1.

medida em que ele discerne certas tendências e necessidades fundamentais de sua própria natureza e as aplica em suas ações. Este modo de participação, que é próprio do ser humano, é chamado de lei natural: "a lei natural não é mais do que a participação da lei eterna pela criatura racional" (*Suma Teológica,* I, II, questão 91, artigo 2).

Para Aquino, se a lei natural encontra seus fundamentos nas inclinações naturais, ela é fruto do trabalho da reflexão. O homem não a cria propriamente, pois ela deriva da lei eterna, mas ele a formula de acordo com sua razão prática. Por meio desta razão prática, o homem é capaz de criar para si uma ordem moral de ação que não apenas o impele a agir, mas serve também como critério de justificação. A razão prática não se limita à descoberta dos meios para fins arbitrariamente escolhidos, mas dita ao homem sua finalidade e os meios para sua realização. A lei natural tem então uma parte subjetiva, pois sua elaboração cabe ao homem, e uma parte objetiva, uma vez que existe independentemente dele. Por isso, o seu conhecimento pode ser mais ou menos adequado, já que depende tanto da qualidade da observação e da experiência quanto da retidão e da força da razão.

Aquino faz ainda uma distinção entre os preceitos gerais e secundários da lei natural. Os preceitos gerais, tomados no seu caráter universal, não podem ser apagados do coração humano, a não ser no caso de uma ação particular, quando a razão ficar impedida de aplicar o princípio geral. Já os preceitos secundários, mais particulares, podem desaparecer do coração dos homens, seja por convicções equivocadas, seja por maus hábitos ou costumes corrompidos[15].

Segundo Aquino, desta lei natural deve ser derivada a lei humana, definida como um ditame da razão prática que adequa os preceitos da lei natural às disposições particulares, ajustando-a às diferentes condições de tempo e de lugar[16]. Desse modo, uma lei civil só terá força de lei se estiver de acordo com a lei natural, isto é, se estabelecer o que é justo; e

15 *Id., Ibid.*, I, II, questão 94 artigo 6.
16 *Id., Ibid.*, I, II, questão 90, artigo 3.

algo só se diz justo por ser reto segundo a regra da razão: "Na ordem das coisas humanas, chama-se justo ao que é reto segundo a regra da razão. E como da razão a primeira regra é a lei da natureza, toda lei estabelecida pelo homem tem natureza de lei na medida em que deriva da lei da natureza. Se, pois, discordar em alguma coisa da lei natural, já não será lei e sim corrupção da lei" (*Suma Teológica*, I, II, questão 95, artigo 2)

Há dois modos distintos de compreender a lei natural segundo Aquino, embora ambos não sejam mutuamente excludentes. O primeiro modo se refere ao direito natural e sua relação com o direito positivo. Os preceitos da lei natural estabelecem um conjunto de direitos naturais que devem ser resguardados pelo direito positivo, independentemente dos aspectos culturais de cada povo, pois são direitos advindos da natureza humana[17]. O segundo modo assemelha-se a um princípio orientador da ação humana e sua justificação moral. A lei natural fornece princípios absolutos, imutáveis e universais[18] de conduta humana, os quais devem ser descobertos pela razão prática a partir das inclinações naturais.

No mesmo sentido, a lei natural é caracterizada por Locke em *The Second Treatise of Government* como uma norma moral obrigatória, clara, inteligível e imposta por Deus a todos os seres dotados de razão, de tal modo que ela fixa deveres e fundamenta direitos naturais[19]. Para ele, a sua finalidade é direcionar a ação tendo em vista o bem do indivíduo, não prescrevendo mais do que exige este bem. Seu principal preceito, para quem se disponha a consultá-la, é que não se deve prejudicar a si mesmo nem ao outro no que diz respeito à vida, liberdade e propriedade[20].

---

17 Moura, O. "A doutrina do direito natural em Tomás de Aquino". In: Boni, L. A. (org.) *Idade Média: Ética e Política*. Porto Alegre: EDIPUCRS, 1996, p. 219-233; Van Overbeke, P. "La loi naturelle et le droit naturel selon Saint Thomas". *Reveu Thomiste*, n. 57, 1957, p. 53-78.

18 McInerny, R. "Ethics". In: Kretzmann, N. (ed) *The Cambridge Companion to Aquinas*. Cambridge: Cambridge University Press, 1993, p. 196-216; Grisez, Germain. "The First Principle of Pratical Reason". In: Anthony, E. (ed). *Aquinas: A Colletion of Critical Essays*. New York: Anchor Books, 1969, p. 340-382.

19 Locke, J. *The Second Treatise of Government*, cap. II, p. 274-275.

20 *Id., Ibid.*, cap. II, p. 271.

Segundo Locke, a liberdade é assegurada pelo respeito à lei natural, pois se os indivíduos pudessem agir sem quaisquer limites, nenhum deles seria efetivamente livre, porque a qualquer momento um poderia ser dominado pelo outro. A lei natural não suprime a liberdade, mas a garante: "o fim da lei não é abolir ou restringir, mas preservar e ampliar a liberdade, pois, em todas as condições de seres criados capazes de lei, onde não há lei, não há liberdade. A liberdade consiste em estar livre de restrição e de violência por parte de outros, o que não se pode dar se não há lei" (*The Second Treatise of Government*, cap. VI, p. 306).

Apesar de a lei natural ser evidente e inteligível, os indivíduos nem sempre são capazes de segui-la, segundo Locke, em razão da ignorância e dos interesses que os acometem. Nos casos de transgressão, como a lei natural visa à preservação da vida, liberdade e propriedade de todos os indivíduos, aquele que a infringe comete uma injúria não apenas contra seu semelhante, mas também contra a humanidade, pois ameaça a segurança de todos. Ao agir de maneira contrária aos preceitos da lei natural, o infrator declara seguir outra regra que não a da razão e passa a ser um perigo para a comunidade humana. Por isso, ele pode ser punido por qualquer indivíduo sem que a própria lei natural seja violada, pois a sua punição visa restaurar a ordem racional e preservar a espécie humana. Na condição natural, caracterizada pela jurisdição recíproca, todos têm o direito de julgar e de punir os transgressores da lei natural em grau suficiente para impedir nova violação e com pena proporcional ao dano causado[21].

Mas a parcialidade dos julgamentos (principalmente quando os interessados estão envolvidos nas contendas), bem como o possível exagero das punições (fruto do descontrole das paixões), transformam o estado de natureza em um estado de guerra. O uso da força sem o direito, seja pela violação da lei natural, seja pela aplicação desproporcional das penas aos seus transgressores, produz então um conflito contínuo e generalizado que coloca em risco o direito natural à vida, liberdade e

21 *Id.*, *Ibid.*, cap. II, p. 271-273.

propriedade dos indivíduos[22].

Para que todos tenham seu direito natural preservado, a saída apontada pela razão, segundo Locke, determina que os indivíduos formem uma comunidade e concordem reciprocamente em renunciar ao poder natural de julgar e executar a lei natural em favor desta comunidade, que se torna árbitra das contendas por meio de leis fixas, conhecidas, impessoais e iguais para todos. Quando isto acontece, os indivíduos formam um povo e passam a viver numa sociedade política ou civil[23].

2.2. Hobbes e os preceitos da lei natural

Embora alguns intérpretes sustentem que as leis naturais também são caracterizadas por Hobbes como normas morais imperativas, tendo em vista que expressam comandos de Deus[24], é preciso ressaltar a sua repetida afirmação de que elas são denominadas inadequadamente de leis, pois não são exatamente comandos, mas máximas da razão, descobertas por meio da dedução de princípios aos quais todos os homens podem assentir. Já em sua primeira obra política, *The Elements of Law Natural and Politic*, encontra-se a afirmação de que "a lei (falando com propriedade) é um comando e esses preceitos [as leis naturais], como procedem da natureza, não são comandos e não podem ser chamados de leis em consideração à natureza, mas apenas em consideração ao autor da natureza, Deus Todo-Poderoso" (*The Elements of Law,* cap. XVII, p. 97).

Sem entrar no longo debate sobre a teologia política de Hobbes — se a sua concepção de lei natural se fundamenta na existência de Deus[25]

22 *Id.*, *Ibid.*, cap. III, p. 278-282.

23 *Id.*, *Ibid.*, cap. VII, p. 323-325.

24 Taylor, A. E. "The Ethical Doctrine of Hobbes". *Philosophy*, vol. XIII, n. 52, 1938, p. 406-424; Warrender, Howard. *The political philosophy of Hobbes: his theory of obligation*. Oxford: Clarendon Press, 1957; Gert, Bernard. "The law of nature as the moral law". *Hobbes studies*, n. 1, 1988, p. 26-44.

25 Warrender, H. "The place of God in Hobbes's philosophy". *Political Studies*, n. 8, 1960, p.

ou se o apelo à autoridade divina é um mero recurso retórico cuja finalidade seria convencer leitores de que sua concepção de lei natural está endossada nas *Escrituras*[26] — a questão mais importante é entender como as leis naturais se tornam conhecidas e efetivas[27].

Apesar de não serem consideradas leis no sentido estrito — Hobbes enfatiza diversas vezes em sua obra que elas não expressam uma vontade à qual se deve obediência irrestrita, a não ser para aqueles que creem que elas são comandos efetivos de Deus[28] — elas apresentam prescrições claras: "uma lei de natureza é um preceito ou regra geral, estabelecido pela razão, mediante o qual se proíbe a um homem fazer tudo o que possa destruir sua vida ou privá-lo dos meios necessários para preservá-la, ou omitir aquilo que pense poder contribuir melhor para preservá-la" (*Leviathan*, cap. XIV, p. 189). Assim, sua determinação fundamental, reconhecida por todos os seres racionais, é a autopreservação e o uso de todos os recursos necessários para este fim[29].

Na perspectiva de Hobbes, a condição natural da humanidade é de plena igualdade, no sentido de que todos os indivíduos têm a mesma possibilidade de alcançar os fins desejados. Isto porque, se as faculdades naturais do corpo e do espírito são claramente distintas — uma vez que alguns indivíduos são manifestamente mais fortes fisicamente ou mais inteligentes —, quando essas faculdades são consideradas conjuntamente, elas não são suficientemente significativas para que delas se possa extrair qualquer vantagem ou benefício de um indivíduo sobre os demais. Prova dessa igualdade é que um indivíduo supostamente

---

48-57.

26 Grady, R. C. "The law of nature in the Christian Commonwealth: Hobbes´s argument for Civil Authority". *Interpretations*, n. 4, 1974, p. 217-238; Forster, Greg. "Divine law and human law in Hobbes´s Leviathan". *History of Political Thought*, vol. XXIV, n. 2, 2003, p. 189-217.

27 Limongi, Maria Isabel. *O Homem Excêntrico: paixões e virtudes em Thomas Hobbes*. São Paulo: Loyola, 2009, p. 209-252.

28 Hobbes, Thomas. *The Elements of Law Natural and Politic*. Oxford: Oxford University Press, 1994, cap. XVIII, p. 99; *Do Cidadão*. São Paulo: Martins Fontes, 1992, cap. IV, p. 85; *Leviathan*. London: Penguin Books, 1985, cap. XV, p. 216-217.

29 *Id.*, *Ibid.*, cap. XVI, p. 87-88; *Ibid.*, cap. III, p. 79-81; *Ibid.*, cap. XIV, p. 189.

mais fraco pode superar outros mais fortes e alcançar seu objetivo se agir com engenho ou astúcia. Dessa igualdade deriva-se outra, relativa à esperança de realização dos próprios fins. No estado de natureza, todos têm a mesma expectativa de obter aquilo que desejam, já que têm a mesma possibilidade de obtê-lo.

A consequência dessa esperança igualmente compartilhada em alcançar o objeto desejado (o qual raramente é abundante ou pode ser partilhado), é uma contínua competição na qual os indivíduos se esforçam em subjugar uns aos outros em busca da satisfação de seus desejos. A disputa incessante, na qual ninguém está imune de ser superado pelo seu concorrente, gera então uma mútua desconfiança, que inclina cada um a atacar os seus potenciais rivais, antecipando-se a uma possível agressão. Além disso, para Hobbes, os indivíduos não encontram qualquer prazer na companhia uns dos outros. Ao contrário, eles têm uma enorme insatisfação, visto que cada um espera um reconhecimento de seus semelhantes que jamais é condizente com o valor atribuído a si mesmo. Assim, a competição, a desconfiança e a busca de preeminência alimentam um inevitável e interminável conflito entre os indivíduos, marcado pelo medo recíproco.

Se todos são iguais por natureza, todos têm consequentemente o mesmo direito a todas as coisas, conclui Hobbes. Mas o que parece ser vantajoso para cada um não pode ser proveitoso para todos. Primeiro, porque os indivíduos não podem exercer plenamente este direito, em razão da dificuldade de todos desfrutarem dele ao mesmo tempo; segundo, porque o direito a todas as coisas tem como consequência uma corrida incessante pelo aumento de poder em relação aos semelhantes, aumento este jamais suficiente para garantir plenamente a realização dos propósitos estabelecidos. Por isso, esse direito torna-se inútil, visto que ninguém pode desfrutá-lo com segurança[30].

A consequência da igualdade natural associada a esse direito a todas as coisas é que o estado de natureza hobbesiano é intrinsicamente um

30 *Id.*, *Ibid.*, cap. XIV, p. 78-80; *Ibid.*, cap. I, p. 35-38; *Ibid.*, cap. XIII, p. 183-184.

estado de guerra de todos contra todos. Isto não significa que o estado de natureza se caracterize por combates permanentes, mas que há uma intenção constante e uma disposição contínua para o confronto, o que é claramente inadequado à conservação tanto de cada indivíduo quanto da espécie humana.[31].

Com o argumento de que por definição a lei se distingue do direito — "o direito consiste na liberdade de fazer ou de omitir, ao passo que a lei determina ou obriga a uma dessas duas coisas. De modo que a lei e o direito se distinguem tanto como a obrigação e a liberdade, as quais são incompatíveis quando se referem à mesma matéria" (*Levithan*, cap. XIV, p. 189) — Hobbes diferencia a lei natural do direito natural, contrariando toda uma tradição que os associava intrinsecamente[32].

Desde Cícero, por exemplo, a noção de lei natural estava duplamente contida na noção de direito natural: o direito natural era o que se devia fazer em oposição ao que se não devia fazer; e esta escolha se definia e se impunha pela lei natural. Nesse sentido, a lei natural fixava e expressava o direito natural, este direito imutável e universal cujo fundamento estava numa lei também imutável e universal, inscrita no interior do ser humano, que era a lei natural[33].

Já o direito de natureza é definido por Hobbes como "a liberdade que cada homem tem de usar seu próprio poder, da maneira que quiser, para a preservação de sua própria natureza, ou seja, de sua própria vida; e consequentemente de fazer tudo aquilo que seu próprio julgamento e razão lhe indiquem como meios adequados a esse fim" (*Ibid.*, p. 189).

Hobbes estabelece assim uma equivalência entre direito natural e liberdade, talvez influenciado por Hugo Grotius, que considerava a liberdade um direito natural, no sentido de uma faculdade moral ou poder natural do ser humano, que lhe permite fazer ou ter certas coisas. A concepção grotiana implicava que, independentemente de sua capa-

---

31 *Id., Ibid.*, cap. XIV, p. 80-81; *Ibid.*, cap. I, p. 38-40; *Ibid.*, cap. XIII, p. 184-188.
32 *Id., Ibid.,*. cap. XIV, p. 79-80; *Ibid*, L. I, cap. I, p. 35-37.
33 Cícero. *De legibus* I, 19 e I, 33.

cidade de garantir tal direito, o indivíduo podia exigir o ato ou objeto a ele correspondente. Em outros termos, uma vez identificado o direito, todo e qualquer ser racional era capaz de perceber a moralidade desta exigência, ou seja, a obrigação moral de respeitá-la[34].

Após definir o direito natural como a liberdade de cada pessoa em fazer uso do próprio poder, conforme julgar necessário e conveniente, para alcançar os fins desejados, Hobbes explicita o que entende por liberdade:

> Por liberdade entende-se, conforme a significação própria da palavra, a ausência de impedimentos externos, impedimentos que muitas vezes tiram parte do poder que cada um tem de fazer o que quer, mas não podem obstar a que use o poder que lhe resta, conforme o que seu julgamento e razão lhe ditarem (*Leviathan*, L. I, cap. XIV, p. 189).

Ao tratar da liberdade dos súditos, Hobbes define liberdade como ausência de oposição, isto é, de impedimentos externos ao movimento: "Liberdade significa, em sentido próprio, a ausência de oposição (entendendo por oposição os impedimentos externos do movimento); e não se aplica menos às criaturas irracionais e inanimadas do que às racionais" (*Ibid.*, cap. XXI, p. 261). O exemplo dado para esclarecer sua definição é o da água refreada cuja liberdade é restringida por diques ou canais, que a impedem de se espalhar por um espaço maior. O espaço delimitado por barreiras físicas, que restringem o seu movimento, determina o seu campo de ação, consequentemente, a sua liberdade[35].

Hobbes observa que, se aquilo que evita o movimento faz parte da

34 Grotius, H. *Do Direito da Guerra e da Paz* I, cap. 1, 4.

35 Seguindo o modelo mecanicista de seu tempo, Hobbes explica os fenômenos naturais como relações entre corpos em movimento. Os corpos são entendidos como a matéria sobre a qual o movimento ocorre e o movimento como a única causa de tudo que ocorre nos corpos, ou seja, o movimento é concebido como a causa da existência de todas as coisas, inclusive da determinação do próprio movimento. Corpos e movimento compõem toda realidade existente e são, assim, as noções elementares a partir das quais Hobbes elabora sua filosofia natural e sua teoria da natureza humana.

constituição do próprio ser, não é possível afirmar que ele não tenha liberdade, mas tão somente que lhe falta o poder ou a habilidade de se mover. O exemplo do homem que se encontra preso ao leito por uma determinada doença é utilizado para ilustrar o caso: é a falta de poder que lhe impede de caminhar e não um obstáculo externo. O seu movimento não está obstruído por cadeias ou correntes que o prendem ao leito, mas por uma incapacidade inerente ao seu ser.

Hobbes adverte então que "livre" e "liberdade" são termos que só podem ser aplicados às criaturas dotadas de corpo, sejam racionais, irracionais ou inanimadas, caso não se queira cometer um abuso de linguagem. Por isso, expressões como "caminho livre", "livre doação" ou "falar livremente" devem ser entendidas no sentido de que a liberdade está no ser que pode caminhar, doar ou falar sem ser impedido, pois o que não se encontra sujeito ao movimento, não se encontra sujeito a impedimentos e, consequentemente, nestes casos, não se pode falar a respeito da presença ou falta de liberdade.

Com base nesse significado de liberdade, Hobbes define homem livre como "aquele que, naquelas coisas que graças a sua força e engenho é capaz de fazer, não é impedido de fazer o que tem vontade de fazer" (*Ibid.*, cap. XXI, p. 262). Assim, o homem é livre quando não encontra obstáculos externos que restringem o que deseja e pode fazer. A sua liberdade só fica comprometida quando algum empecilho impede a efetivação daquilo que está de acordo com o seu poder. Por isso, não tem sentido discutir se um homem está desprovido ou não de sua liberdade, se antes não estiver subentendido que ele tem poder para realizar aquilo que deseja[36].

É interessante observar que a vontade é introduzida como um elemento que diferencia a liberdade humana da liberdade de outros seres naturais. Mas ela não é entendida no sentido tradicional de uma facul-

36 Hobbes repudia, assim, a concepção tradicional, presente em vários sistemas éticos, segundo a qual os homens são livres somente quando se deixam guiar pela razão; caso contrário, tornam-se escravos de suas paixões e suas ações expressam apenas a licenciosidade. Goldsmith, M. M. "Hobbes on Liberty". *Hobbes Studies*, n. 2, 1989, p. 23-39.

dade da alma, que possibilita ao homem querer livremente e, portanto, agir livremente. A vontade é definida como simplesmente o ato de querer, o último apetite ou aversão, imediatamente anterior à ação, ou seja, o ponto final da deliberação, esse processo de apetites e aversões que vão se sucedendo no interior do homem até que a decisão seja tomada[37].

Para Hobbes, a liberdade natural que cada indivíduo possui quanto ao uso de seu poder natural para a preservação de sua própria pessoa é ineficaz num estado caracterizado pela guerra de todos contra todos. A manutenção de tal liberdade é incompatível com o próprio desejo de autopreservação. Por isso, as leis naturais preceituam que é necessário restringi-la a fim de assegurar este bem maior que é a própria existência.

A primeira lei de natureza, da qual todas as demais derivam, prescreve então aos indivíduos que é preciso buscar a paz, enquanto houver esperança de alcançá-la, pois só com a paz é possível viver o tempo que a natureza permite a cada um; e se a paz não puder ser estabelecida, pode-se recorrer às vantagens da guerra, defendendo-se da maneira que for possível dos ataques dos demais, uma vez que preservar a própria vida é um direito natural do qual nenhum ser racional pode se privar. Já a segunda lei natural, inferida dessa primeira, preceitua que é preciso renunciar ao direito natural a todas as coisas, desde que todos também o façam igualmente, contentando-se com o mesmo grau de liberdade de todos os demais, pois só dessa maneira serão criadas as condições necessárias para a paz[38]. As demais leis de natureza enunciadas prescrevem condutas que mantêm a disposição para a paz (tais como a gratidão, a moderação, a complacência, entre outras), além de inibirem a predisposição para a guerra (manifesta nas condutas do insulto, da vingança, da arrogância, entre outros comportamentos)[39].

---

37 Hobbes, T. *The Elements of Law,* cap. XII, p. 70-72; *Leviathan,* cap. VI, p. 127-128.

38 Hobbes, T. *The Elements of Law,* cap. XV, p. 81-82; *Do Cidadão*, cap. II, p. 45-46; *Leviathan*, cap. XIV, p. 190-191.

39 *Id., Ibid.*, cap. XVI e XVII, p. 87-99; *Ibid.*, cap. III, p. 61-78; *Ibid.*, cap. XV, p. 201-214.

Hobbes reconhece que, se as leis naturais são compreendidas por todos os indivíduos, nem sempre elas são respeitadas por todos, já que, geralmente, são contrárias às paixões naturais dos indivíduos: "não basta um homem compreender corretamente as leis naturais para que, só por isso, tenhamos garantida a obediência a elas" (*Do Cidadão,* cap. V, p. 103). Por retirar sua força apenas do caráter racional que as fundamenta, as leis naturais não dispõem de uma sanção externa que as torne efetivas. Elas obrigam somente em foro interno: "assim como a verdade de uma conclusão não é senão a verdade das premissas que a estabelecem, assim também a força do comando, ou lei de natureza, nada mais é do que a força das razões que a ela induzem" (*The Elements of Law*, cap. XVI, p. 87).

Desse modo, a simples associação dos homens tendo em vista a paz não garante a sua efetivação. Se as leis naturais prescrevem os meios necessários para que os homens possam alcançar a paz, elas não têm força impositiva suficiente para se tornarem obrigatórias. Daí a necessidade do estabelecimento de um poder coercitivo capaz de impor o respeito às leis naturais, dotado de força suficiente para punir os seus transgressores[40].

O estabelecimento de tal poder é descrito como uma obra conjunta composta por preceitos da razão, leis naturais e paixões (em particular, o medo da morte violenta), os quais agem simultaneamente sobre os indivíduos, conduzindo-os ao consenso de que é preciso transferir o direito natural sobre todas as coisas para uma terceira pessoa criada artificialmente por meio de um pacto. Neste pacto, os indivíduos deverão renunciar ao uso ilimitado de seu poder natural, desde que os demais também o façam, em favor desta terceira pessoa, a qual passará a concentrar o poder de todos os participantes, bem como passará a representar cada um dos pactuantes. O poder comum outorgado a esta terceira pessoa, deverá ser utilizado da maneira que ela considerar

---

40 *Id., Ibid.*, cap. XIX, p. 104-105; *Ibid.*, cap. III, p. 78 e cap. V, p. 103-106; *Ibid.*, cap. XV, p. 214-215.

conveniente para assegurar a paz e a defesa da comunidade. Quando todos tiverem feito o mesmo, comprometendo-se a não pôr obstáculos ao uso do direito transferido, ou seja, quando todos submeterem sua vontade à vontade desta terceira pessoa e autorizarem todas as ações dela, a multidão reunida formará uma sociedade política e a pessoa a quem todos se submeteram adquirirá uma autoridade capaz de impor o respeito às leis naturais[41].

2.3. Liberdade como ausência de dominação

Embora para Sidney a lei natural seja mais do que um cálculo racional ou um mero preceito da razão, como em Hobbes, não há uma obrigação ou um dever incondicional de obedecê-la, como em Locke. O homem é considerado livre para decidir se segue ou não sua razão, para perseguir o bem que lhe convém; e o gozo deste bem só fará sentido enquanto for efeito de sua liberdade, isto é, enquanto for livremente escolhido pelo homem[42].

Em várias passagens dos *Discourses*, a liberdade é definida como ausência de dominação, no sentido de independência em relação à vontade arbitrária de outrem[43]: "é impossível que um direito de domínio sobre os outros possa ser dado a alguém; então tudo que é ou pode ser herdado por alguém é a isenção do domínio de outrem, que nós chamamos liberdade, e esta é uma dádiva de Deus e da natureza" (*Discourses*, I, 17, p. 57).

Se a liberdade é também definida de maneira negativa, como em Hobbes, não se trata apenas da ausência de impedimentos externos à ação. Não basta a inexistência de obstáculos ou de restrições ao movi-

---

41 *Id.*, *Ibid.*, cap. XV, p. 82-84; *Ibid* cap. V, p. 108-110; *Ibid.*, cap. XVII, p. 223-228.

42 Hamel, Christopher. *L'Esprit Républicain: Droits naturels et vertu civique chez Algernon Sidney*. Paris: Classiques Garnier, 2011, p. 161-198.

43 Esta afirmação é repetida diversas vezes ao longo da obra. Sidney, A. *Discourses*, I, 11, p. 32; III, 16, p. 402; III, 33, p. 510.

mento. Na perspectiva de Sidney, é imprescindível que esta ação não esteja submetida à decisão discricionária de outro agente. Só é verdadeiramente livre aquele que tem a segurança de que pode agir, sabendo que não vai sofrer interferências arbitrárias por parte de outrem.

A fim de explicar melhor sua concepção, Sidney recorre diversas vezes à condição contrária do escravo: "liberdade consiste unicamente na independência em relação à vontade de outrem; e pelo nome de escravo nós entendemos um homem que não pode dispor de sua pessoa nem de seus bens, mas desfruta deles conforme a vontade de seu senhor" (*Ibid.*, I, 5, p. 17). Se o escravo é aquele que não dispõe de sua pessoa ou de seus bens, desfrutando deles apenas de acordo com o arbítrio de seu senhor, o homem livre é aquele que vive sem se submeter à vontade arbitrária de outrem, no que se refere a sua pessoa e aos seus bens[44].

Neste sentido, a força ou a ameaça coercitiva da força não constituem as únicas formas de restrição à liberdade, como na concepção de Hobbes. A condição de dependência é ela mesma uma fonte e uma maneira de constrangimento. Isto porque a dependência gera submissão, que, por sua vez, é incompatível com a liberdade. Desse modo, o oposto da liberdade é a dominação, num sentido forte, assim como a dependência e a vulnerabilidade o são também, embora num sentido fraco.

A concepção de liberdade enunciada por Sidney pode ser encontrada já nos escritos políticos de autores que defenderam o regime republicano estabelecido na Inglaterra entre 1649 e 1660. John Milton, Marchamont Nedham, James Harrington, entre outros, ao enaltecer os benefícios de viver numa República, destacavam a plena fruição da liberdade, entendida como ausência de dominação, no sentido de viver sem estar sujeito a um poder discricionário ou depender da vontade arbitrária de outrem[45].

Esta concepção de liberdade encontrada nesses autores tem sido

---

44 Houston, Alan. *Algernon Sidney and the republican heritage in England and America*. Princeton: Princenton University Press, 1991, p. 101-114.

45 Sobre a concepção de liberdade nesses autores ingleses, ver Barros, Alberto R. G. *Republicanismo Inglês: uma teoria da liberdade*. São Paulo: Discurso-FAPESP, 2015.

denominada por alguns historiadores de neorromana, em razão de seu enraizamento em categorias do direito romano[46]. De fato, o termo latino *libertas* foi inicialmente utilizado em Roma para caracterizar a ausência de escravidão, considerada a mais completa forma de servidão. Desde os primeiros textos jurídicos romanos, *libertas* denotava o *status* legal daquele que não podia ser vendido ou comprado, dado ou herdado, preso ou morto, conforme a vontade de seu senhor, ou seja, indicava a negação das limitações impostas pela escravidão.

No *Corpus Iuris Civilis*, a divisão fundamental do direito das pessoas tipificava-se entre pessoas livres (*liberi*) — que não estavam sujeitas ao arbítrio de outrem e, por isso, podiam agir de acordo com a própria determinação — e escravas (*servi*), as quais dependiam de um senhor e, por isso, encontravam-se vulneráveis ao seu arbítrio[47]. Não havia um status intermediário: ou se era livre (*liber*), capaz de fazer o que se desejava fazer, exceto quando fosse proibido pela força ou pelo direito; ou se era escravo (*servus*), sujeito e submetido completamente ao poder ou domínio de seu senhor[48]. Havia ainda uma importante distinção entre pessoas que estavam sob sua própria jurisdição (*persona sui iuris*), dotadas de inteira e completa liberdade, e pessoas que estavam submetidas à jurisdição de outrem (*persona alieno iuri subiectae*), sujeitas ao seu domínio[49].

O termo liberdade (*libertas)* identificava esta ausência de domínio (*dominium*), ou seja, quando a pessoa não se encontrava sob o poder

---

46 Tal denominação foi proposta pelo historiador Quentin Skinner, que tem utilizado este adjetivo para qualificar essa concepção de liberdade, porque acredita que nem todos os seus defensores viam uma incompatibilidade entre a liberdade e a existência do governo monárquico. Para Skinner, alguns desses autores acreditavam ser possível conciliar a liberdade, entendida como ausência de dominação, com a monarquia, desde que o monarca estivesse submetido às leis e não tivesse a capacidade de colocar-se acima das leis para interferir na vida e na propriedade de seus súditos. Skinner, Quentin. *Liberdade antes do liberalismo*. São Paulo: Unesp-Cambrigde Univeristy Press, 1998, p. 40-54.

47 "*Summa itaque de iure personarum divisio haec est, quod omnes homines aut librei sunt aut servi*" (*Digesto* I. 5. 3; *Institutas* I. 3)

48 Digesto I. 5. 4. 1; Institutas I. 3. 2 e I. 52

49 Institutas I. 8.

(*in potestas*) ou sob o direito de outrem (*alieni iuris*)[50]. Em seu sentido mais positivo, significava a plena capacidade para possuir e desfrutar de direitos pessoais e políticos. A falta de liberdade do escravo não consistia apenas no impedimento físico para agir, mas era um corolário de sua condição legal, pois indicava que ele estava submetido legalmente ao domínio de seu senhor, do qual dependia para possuir ou desfrutar de direitos[51].

Se a liberdade era entendida como uma faculdade natural, visto que todos os homens eram considerados livres por natureza[52], o seu exercício só se efetivava na cidade. Neste sentido, a liberdade aparecia quase sempre associada à cidadania, como se estivessem vinculadas: somente um cidadão possuía e desfrutava de direitos, pessoais e políticos, que constituíam sua liberdade. Por exemplo, o cidadão feito escravo perdia todos seus direitos pessoais e políticos (*capitis deminutio máxima*), enquanto o escravo que recebia a cidadania romana adquiria plenos direitos. Já o cidadão romano que perdia sua cidadania, por adquirir outra, mantinha a liberdade em relação às leis privadas, mas não em relação às leis públicas (*capitis deminutio media*). De qualquer modo, a liberdade retida após a perda da cidadania era qualitativamente diferente daquela anteriormente desfrutada. Outro exemplo do vínculo entre liberdade e cidadania era a manumissão, que tinha o efeito de livrar a pessoa do domínio de outrem, permitindo ao escravo liberto desfrutar de certos direitos pessoais. Não obstante, tal emancipação não o tornava plenamente livre, porque a posse completa da liberdade implicava na capacidade legal de desfrutar de direitos políticos, concedidos pela autoridade pública exclusivamente aos cidadãos[53].

Havia, dessa maneira, uma relação intrínseca entre liberdade e lei civil: como a liberdade era considerada a soma dos direitos civis garan-

---

50 "*Et libertas cuidem est, ex qua etiam liberi vocantur, naturalis facultas eius, quod cuique facere libet, nisi si quid aut vi aut iure prohibetur. Servitus autem est constitutio iuris gentium, qua quis domínio alieno contra naturam subicitur*" (*Institutas* I. 3. 1-2)

51 *Digesto* I. 6

52 Digesto I. 1. 4; I. 5. 4 pr.; XII. 6. 64; XL. 11. 2; L. 17. 32

53 *Institutas* I. 8

tidos pela lei aos cidadãos, ela se fundamentava necessariamente na lei, que determinava seu escopo. A verdadeira liberdade só podia ser desfrutada sob as leis civis, no sentido de que ser livre era obedecer apenas à lei e viver sob o império da lei[54].

Como a liberdade de um romano estava condicionada à sua cidadania, a qualidade de sua liberdade dependia também da estrutura política da cidade. Por isso, a liberdade do cidadão era definida em termos da liberdade de Roma. Primeiro, no sentido de independência e autonomia em relação a outros povos: um povo livre é aquele que vive sob suas próprias leis, sem se submeter às leis e ao domínio de outros povos. Neste sentido, a liberdade do povo romano (*libertas populi*) consistia na sua independência externa. Depois, no sentido de uma forma de governo que permitisse a liberdade de seus cidadãos: um povo que estivesse sujeito à vontade arbitrária de um único homem ou de um pequeno grupo de homens não podia ser considerado livre. A sua condição era análoga a de um escravo, que dependia de seu senhor para possuir e desfrutar de direitos. A forma de governo associada era àquela da República, estabelecida após a abolição da monarquia.

Inspirada nas categorias do direito romano, a concepção de liberdade encontrada nos escritos políticos de Sidney adquire contornos mais rigorosos do que em outros autores republicanos do período. Ela é enunciada de maneira mais clara e precisa, definida sinteticamente como ausência de dominação[55].

Para Sidney, embora o homem não tenha um dever incondicional de obedecer à lei natural, ele é capaz de compreender que um desejo de liberdade sem limites não está em conformidade com sua natureza de ser racional. Por isso, o seu amor natural pela liberdade acaba sendo temperado pela razão: "a razão conduz os homens a esta conclusão: ne-

---

54 Wirszubski, Ch. *Libertas as a Political Idea at Rome during the Late Republic and Early Principate*. Cambridge: Cambridge University Press, 1950, p. 7-30; Brunt, P. A. "Libertas in the Republic". In: Brunt, P. A. (ed). *The Fall of the Roman Republica*. Oxford: Clarendon Press, 1988, p. 281-350.

55 Barros, Alberto R. G., "A liberdade republicana em Algernon Sidney", *Kriterion*, vol. 135, 2016, p. 601-618.

nhum homem ou família é capaz de prover o que é necessário para sua conveniência e segurança, enquanto todos tiverem o mesmo direito a todas as coisas, e não conhecer um superior para resolver as controvérsias" (*Discourses*, I, 10, p. 30).

A razão esclarece então aos homens que é necessário restringir mutuamente parte de sua liberdade natural para que todos possam alcançar este bem maior, que é desfrutar de uma liberdade civil segura, de acordo com regras estabelecidas em comum às quais todos devem se submeter:

> Como a liberdade sem restrições é inconsistente com qualquer governo e com o bem que os homens desejam naturalmente para si mesmos, seus filhos e amigos, não encontraremos lugar no mundo onde os homens não tenham entrado em algum tipo de sociedade ou governo para restringi-la; e dizer que todos os homens desejam a liberdade sem restrição é ridículo. (*Ibid.*, II, 20, p. 191-192)

Por isso, os homens decidem por mútuo acordo restringir igualmente sua liberdade natural. Trata-se de um consentimento recíproco ditado pela razão tendo em vista a segurança da liberdade civil:

> A verdade é que os homens são conduzidos pela razão, que é sua natureza; e todos percebem que eles não podem viver separadamente, nem conjuntamente, sem alguma regra à qual todos devem estar submetidos. Esta submissão é uma restrição à liberdade, mas pode ser sem efeito para alcançar o bem pretendido se não for geral; e não será geral se não for natural. Como todos nascem com a mesma liberdade, os homens não limitarão sua própria liberdade se os demais também não o fizerem. Este consentimento geral de todos em restringir parte de sua liberdade, como parecer ser para o bem de todos, é a voz da natureza e a ação de homens, conforme a razão natural, que buscam seu próprio bem (*Ibid.*, II, 20, p. 192).

Não há nos *Discourses* a descrição de um hipotético estado de natureza, como na obra de Hobbes ou de Locke, ou de um suposto pacto ou contrato social entre indivíduos para a formação da sociedade e posterior constituição do governo. Há apenas o reconhecimento de determinados direitos naturais — como o direito à vida, à liberdade e à propriedade[56], o direito de se defender das injúrias sofridas[57], o direito de julgar e dispor das coisas que lhe dizem respeito[58] — que são colocados em comum sob um governo, para que possam ser desfrutados com mais tranquilidade e segurança[59].

Ao defender Bellarmino e Suarez contra os ataques de Filmer, por terem colocado na origem da sociedade a escolha da multidão, Sidney esclarece que esses autores entendem por multidão "aquela composta de homens livres, que acreditam ser melhor para sua conveniência se reunir e estabelecer leis e regras que eles mesmos se obrigam a observar" (*Ibid.*, II, 5, p. 98).

O motivo do surgimento da sociedade civil é atribuído assim ao desejo de homens naturalmente livres de continuar vivendo em liberdade, no sentido de independência em relação à vontade arbitrária de outrem, só que com mais segurança; desejo que está de acordo com a natureza de seres dotados de razão[60]. O ato de união dos homens num só corpo não se restringe assim à busca da paz, mas visa principalmente a possibilidade de viver de maneira segura conforme a livre natureza do ser humano.

Se na origem de toda sociedade civil encontram-se homens livres, a consequência é de que nenhum deles pode ter precedência sobre os demais, a não ser por um consentimento, que tem de ser recíproco, pois ninguém aceitaria a diminuição de sua liberdade natural se os demais

---

56 Sidney, A. *Discourses*, III, 16, p. 402-403.

57 *Id.*, *Ibid.*, III, 4, p. 339.

58 *Id.*, *Ibid.*, III, 41, p. 547-548.

59 Ward, Lee. "Rethoric and Natural Rights in Algernon Sidney´s Discourses Concerning Government". *Interpretation*, vol.28, n.2, 2000-1, p. 119-145.

60 Como nos demais autores da época, Sidney utiliza os termos civil e política de maneira equivalente, para qualificar a sociedade formada pelo consentimento de homens livres. Assim, ele refere-se ora a sociedade civil ora a sociedade política. Na maioria das vezes utiliza a expressão sociedade civil.

também não se submetessem a mesma restrição:

> Um grupo de homens, ao concordar mutuamente em constituir uma sociedade, tornou-se um corpo completo, tendo todo poder neles mesmos sobre eles mesmos, submetendo-se somente à lei humana que estabeleceram. Entre todos aqueles que compuseram a sociedade, sendo igualmente livres para ingressar nela ou não, nenhum homem podia ter qualquer prerrogativa sobre os demais, a não ser que lhe fosse concedida pelo consentimento do todo; e nada lhes obrigou a ingressar nesta sociedade, mas apenas a consideração de seu próprio bem; este bem, ou a opinião sobre ele, deve ter sido a regra, motivo e fim de tudo que eles ordenaram. (*Ibid.*, II, 5, p. 99).

Defendendo Bellarmino das críticas de Filmer, Sidney sustenta que não há incoerência em afirmar que, de um lado, o homem não pode continuar desfrutando totalmente de sua liberdade incondicional, uma vez que ela ameaça sua existência; e, do outro, só o consentimento pode estabelecer uma hierarquia entre homens naturalmente iguais. Isto porque, enquanto todos tiverem um direito ilimitado a todas as coisas, não há garantia de que cada um possa desfrutar com segurança de sua vida, liberdade e bens. Por isso, os homens são conduzidos pela razão a restringir parte de sua liberdade natural, ingressando numa sociedade civil por meio de um consentimento recíproco, a fim de desfrutar com segurança de sua liberdade civil[61].

---

61 Sidney, A. *Discourses*, I, 10, p. 30-31.

3. LIBERDADE E GOVERNO CIVIL

Logo no início dos *Discourses*, Sidney censura Filmer por não examinar os princípios referentes ao governo, contentando-se com uma fé implícita naqueles que supostamente conheceriam os segredos e mistérios da política; e defende que só é possível saber qual a obediência devida a uma autoridade política e o que esperar dela se for conhecida sua origem, natureza e finalidade:

> Como os homens são dotados de razão, entendimento ou senso comum, eles devem fazer uso dela[s] naquelas coisas que lhes dizem respeito e a sua posteridade; e suspeitar das palavras que procuram persuadi-los em não ver com os próprios olhos, a fim de enganá-los mais facilmente. Esta regra nos obriga a investigar os assuntos de Estado, assim como a examinar os princípios originais do governo em geral e do nosso governo em particular. Nós não podemos distinguir a verdade da falsidade, o certo do errado, ou sabermos qual obediência devemos ao magistrado ou o que podemos esperar dele, se não soubermos o que ele é, porque existe e por quem foi criado para ser o que ele é. (*Discourses,* I, 3, p. 13).

Sidney sustenta que, embora Deus tenha deixado muito claro nas Escrituras e gravado no coração de cada homem — por meio da lei natural — que seria mais prudente ser protegido pela força de uma multidão unida (porque assim poderia desfrutar dos benefícios da vida em comum), Ele não determinou uma forma específica de autoridade política, deixando aos homens a liberdade de estabelecer aquela que considerarem a mais conveniente[1]. Desse modo, não concedeu tal autoridade a uma pessoa ou a uma família em particular:

> De acordo com a lei de natureza, não há algo como um direito hereditário de domínio sobre o mundo ou qualquer parte dele; nem um homem pode ter para si um título proveniente dos primeiros pais do

1 Carrive, Paulette. *La pensée politique d´Algernon Sidney*, p. 109-112.

gênero humano, por meio do qual ele possa reivindicar preferência diante dos outros para comandá-los. (*Ibid.*, II, 18, p. 57).

A fim de combater a doutrina patriarcal, Sidney não evoca apenas os princípios estabelecidos pela razão, mas recorre também à história sagrada, à história dos mais diversos povos e à história da Inglaterra, já que "não é possível proferir um correto julgamento sobre as coisas humanas, sem uma atenção especial à história na qual elas aconteceram" (Ibid., III, 37, p. 525). Ele procura nesses relatos históricos evidências empíricas, paradigmas e modelos reais de governo, com a clara intenção de distanciar-se do irrealismo de teorias que ignoravam as lições elementares da história[2].

Assumindo a veracidade histórica das *Escrituras*, Sidney retoma todas as passagens bíblicas utilizadas por Filmer e procura mostrar que, se forem corretamente lidas, não há qualquer menção explícita a respeito do domínio político dos patriarcas, nem da continuidade desse domínio em favor dos seus primogênitos[3]. As *Escrituras* atestavam que todas as famílias descendiam de um tronco comum, não havendo hierarquia entre elas, o que impedia qualquer chefe de família reivindicar um domínio sobre outras famílias[4]. Além disso, se tal direito tivesse existido e tivesse sido transferido por herança, ele havia se perdido com o passar do tempo, de tal modo que era impossível determinar o seu verdadeiro herdeiro[5].

Segundo Sidney, não havia também qualquer sombra de direito paterno na instituição da monarquia entre os hebreus[6]. O primeiro

---

2 Conniff, James. "Reason and History in Early Whig Thought: The Case of Algernon Sidney". *Journal of the History of Ideas*, vol. 43, n. 3, 1982, p. 397-416; Ducrocq, Myriam-Isabelle. *Aux sources de la démocratie anglaise : de Thomas Hobbes à John Locke*. Villeneuve d´Ascq : Presses Universitaires du Septentrion, 2012, p. 41-54 ; Barros, Alberto Ribeiro G. "Razão e História nos Discourses concerning government de Algernon Sidney". In: Santos, A. C. (org.) *Tempo, História e Sociedade*. São Paulo: Humanitas, 2016, p. 163-179.

3 Sidney, A. *Discourses*, I, 7-9, p. 24-30; I, 12-13, p. 33-38.

4 *Id., Ibid.*, I, 18-19, p. 57-69.

5 *Id., Ibid.*, I, 14, p. 39-44; I, 17, p. 53-56.

6 *Id., Ibid.*, I, 15, p. 44-46.

governo estabelecido pelo povo hebreu tinha as características de um governo misto de caráter aristocrático. Era composto por um magistrado superior, chamado de juiz, requisitado em situações especiais; um conselho de setenta anciões escolhidos pelo povo, o Sinédrio, que se mantinha constantemente reunido; e uma assembleia do povo, reunida periodicamente para decidir questões relevantes da comunidade[7]. A realeza só havia sido introduzida posteriormente por um ato de insanidade dos hebreus, que renunciaram equivocadamente à liberdade, condição definidora da própria natureza humana[8]; e se Deus autorizou este regime monárquico, foi para punir o seu povo e não por considerá-lo o mais adequado: "os reis hebreus não foram instituídos por Deus, mas foram permitidos como uma punição dos pecados do povo, que desprezou o governo que Deus havia instituído para ele" (*Ibid.*, II, 9, p. 125).

O recurso à história pagã, tal como propusera Filmer, também mostrava que a escolha dos magistrados não se fundamentava num suposto direito hereditário de origem paterna. De acordo com Sidney, os povos antigos que seguiam a luz da razão, como os gregos, escolhiam os seus magistrados entre os cidadãos mais virtuosos, com base no princípio de que a igual liberdade dos homens não implicava numa igualdade de virtudes e talentos. Respeitando a lei natural, eles concediam a autoridade política aos que se destacavam pelo valor, sabedoria e justiça, porque traziam mais benefícios para a sociedade[9].

Assim, a autoridade política jamais fora estabelecida entre os povos antigos com base em um direito paterno, tampouco fora transmitida pelos patriarcas aos seus descendentes, como sustentava Filmer: "portanto, não havendo, de acordo com a lei de natureza, tal coisa como um direito hereditário de domínio sobre o mundo ou parte dele, nenhum homem pode reivindicar para si um título que provenha dos primeiros

7 *Id.*, *Ibid.*, II, 9, p. 124-131.
8 *Id.*, *Ibid.*, III, 3, p. 336-339.
9 *Id.*, *Ibid.*, I, 16, p. 46-53.

pais da humanidade, pelo qual ele possa pretender ser preferido diante dos outros para comandar" (*Ibid.*, I, 18, p. 57).

Para Sidney, o poder paterno provém da natureza e deriva da geração, nutrição e educação dada aos filhos, os quais devem amor, respeito e obediência a quem os gerou, alimentou e educou. Este poder paterno é incomunicável e restrito apenas à esfera familiar. Consequentemente, nenhum chefe de família poderia reivindicá-lo sobre aqueles que não fossem seus filhos[10].

Sidney argumenta que, se o termo de origem grega "político" tem o mesmo significado do termo de origem latina "civil", por consequência, só haveria autoridade política onde houvesse sociedade civil; e não poderia haver sociedade civil entre pais e filhos, já que a ordem civil é constituída por homens naturalmente iguais, tendo sido estabelecida livremente por mútuo consenso. A lei da natureza que vincula pais e filhos não vincula o magistrado civil aos seus súditos. Assim, o poder paterno não se assemelha ao poder político seja no que diz respeito aos princípios de anuência, seja nas questões de ordem prática. Ambos são inteiramente distintos na origem, natureza, finalidade e extensão[11].

A mesma crítica ao patriarcalismo pode ser encontrada em *The First Treatise of Government*. Inicialmente Locke censura a falta de definições precisas dos termos utilizados por Filmer como, por exemplo, a soberania de Adão: "Sendo a soberania de Adão o alicerce seguro sobre o qual nosso autor edifica sua poderosa monarquia absoluta, seria de se esperar que, em seu *Patriarca*, esse pressuposto básico fosse comprovado e estabelecido com todas as evidências argumentativas exigidas por tão fundamental princípio" (*The First Treatise of Government,* cap. II, p. 148-149). Defendendo uma exegese menos literal das Escrituras, ele contesta a interpretação de que Deus teria conferido a Adão uma soberania absoluta sobre o mundo e os demais homens com base na cria-

10 *Id., Ibid.*, I, 19, p. 62-69; I, 20, p. 69; III, 1, p. 319-320.
11 *Id., Ibid.* II, 2, p. 88-90.

ção[12]. A passagem do livro do Gênesis (1, 28), utilizada na defesa dessa doação divina, não sustenta tal concessão. Ela apenas indica a outorga do domínio comum sobre todas as coisas criadas ao gênero humano, dotando o ser humano de liberdade para fazer uso de maneira racional das criaturas e dos frutos da natureza para sua própria conservação:

> O texto em questão está tão longe de provar que Adão tenha sido proprietário único que, pelo contrário, é uma confirmação da comunidade original de tudo quanto há entre os filhos dos homens, comunidade que lança por terra a soberania de Adão, edificada sobre o domínio privado, destituída que está de todo e qualquer alicerce para sustentá-la. (*Ibid.*, cap. IV, p. 169)

Mas mesmo que Deus tivesse concedido a Adão o domínio privado sobre o mundo, isto não implicaria na concessão de uma autoridade política suprema sobre a humanidade: "a concessão do domínio sobre todas as coisas viventes que se movem sobre a terra não outorgou a Adão o poder monárquico sobre aqueles de sua própria espécie" (*Ibid.*, cap. IV, p. 161).

Em seguida, Locke contesta a tese do poder absoluto de Adão sobre sua família. No caso de Eva, era apenas um poder de esposo, exercido no âmbito conjugal naquelas coisas que diziam respeito ao casal: "Se, portanto, tais palavras conferem algum poder a Adão, não poderá tratar-se senão de um poder conjugal e não político... Não se trata de um poder de vida e morte sobre ela e muito menos sobre qualquer outra pessoa" (*Ibid.*, cap. V, p. 174). No caso de seus filhos, o ato de gerar não lhe concedia um poder absoluto. Primeiro, porque a vida é uma doação divina e somente Deus, que cria a alma vivente e a preserva conforme sua vontade, tem total poder sobre ela. O ser humano não é criador ou doador de vida para alegar poder absoluto sobre sua própria vida ou de seu semelhante. Por isso, nem o pai ou a mãe, que participam apenas

---

12 Locke, J. *The First Treatise of Government*, cap. III, p. 151.

da geração, tem este poder. Depois, porque não há qualquer vínculo de natureza política na relação entre pais e filhos. Trata-se de uma relação que se dá na esfera familiar, restrita ao âmbito privado[13].

Segundo Locke, o poder dos pais, que deve ser entendido como o poder comum do pai e da mãe, seria tão somente derivado do dever natural de manter e educar a prole; sua duração estaria limitada ao período da menoridade racional dos filhos; seria exercido apenas enquanto os filhos fossem incapazes de conhecer e compreender a lei natural, ou seja, estaria restrito ao período no qual os filhos ainda não fossem capazes de fazer uso da própria razão. Tratar-se-ia, portanto, muito mais de um poder tutelar, exercido no estado imperfeito da infância, do que um poder jurisdicional[14].

Locke ainda critica a tese da transmissão do poder monárquico de Adão a seus descendentes por meio do direito de herança. Isto porque o direito de herança confere apenas, de forma equânime, o direito aos filhos de participar dos bens dos pais para seu próprio sustento[15]. Porém, ainda que Adão tivesse sido designado senhor supremo e único proprietário de toda a terra, com poder absoluto sobre sua família e, consequentemente, tivesse sido o primeiro monarca do mundo e tivesse posteriormente transmitido aos seus descendentes este poder político e absoluto, seria impossível identificar os seus verdadeiros herdeiros, uma vez que não havia lei de natureza ou lei positiva de Deus determinando com exatidão a sua transmissão[16]. Além disso, ainda que esta linha de sucessão genealógica fosse suficientemente conhecida, ela já teria se extraviado de tal modo ao longo do tempo que nenhuma pessoa ou família poderia reclamar esta autoridade política como herança[17].

Em *The Second Treatise on Government*, Locke volta a criticar a doutrina patriarcal de Filmer, com a ênfase na distinção entre o poder pa-

13 *Id.*, *Ibid.*, cap. VI, p. 177-180.
14 *Id.*, *Ibid.*, cap. IX, p. 214-215.
15 *Id.*, *Ibid.*, cap. IX, p. 211-212.
16 *Id.*, *Ibid.*, cap. IX, p. 204-207.
17 *Id.*, *Ibid.*, cap. IX, p. 212-213.

terno e o poder político. A primeira questão enfrentada é a constatação da existência de um poder natural dos pais sobre os filhos, a qual parece contradizer a liberdade e a igualdade natural dos homens. Locke reconhece que as crianças não nascem no estado de plena igualdade e liberdade, porque elas não conseguem ainda fazer um uso correto da razão. Dado que, somente com o pleno desenvolvimento da razão o ser humano torna-se capaz de conhecer a lei (seja ela natural ou civil), e capaz de dispor livremente de si, enquanto perdurar a menoridade é necessário um poder tutelar. Por isso, os pais detêm uma espécie de jurisdição temporária sobre seus filhos, até eles alcançarem a maioridade: "a liberdade do homem e a liberdade de ação conforme a sua própria vontade baseiam-se em ter ele razão capaz de instruí-lo na lei pela qual terá de governar-se, fazendo-o saber até que ponto fica entregue à liberdade da própria vontade" (*The Second Treatise on Government*, cap. VI, p. 309).

Locke insiste que o poder dos pais resulta do dever de preservar e guiar os filhos, governando suas ações até que eles possam fazer uso da própria razão. É, portanto, um poder temporário e limitado, uma espécie de amparo à fraqueza e imperfeição da menoridade, exercido até que o filho possua idade suficiente para conhecer a lei e ser capaz de agir livremente[18].

No final de seu tratado, Locke mais uma vez sustenta que a origem do poder paterno está na natureza, que atribui ao pai um poder em benefício dos filhos durante a menoridade. O exercício deste poder se dá apenas no âmbito privado da família, enquanto os filhos são incapazes de gerir sua vida, liberdade e propriedade, por não terem ainda a capacidade de discernimento que é alcançada pelo pleno desenvolvimento da razão; a finalidade de tal poder é a conservação, assistência e instrução dos filhos até que eles atinjam a maturidade[19].

Assim, tanto Locke quanto Sidney rejeitam a ideia de Filmer segundo a qual a origem da autoridade política está na autoridade paterna ou

---

18 Locke, J. *The Second Treatise on Government*, cap. VI, p. 306-312.
19 *Id.*, *Ibid.*, cap. XV, p. 381-383.

numa determinação da vontade divina. Ora, se a autoridade política não pode ser fruto apenas da força ou da violência, ambos reconhecem que é preciso então esclarecer como ela é instituída.

3.1. Instituição da autoridade política

Com base na lei natural e nos relatos históricos, Sidney sustenta que a autoridade política é instituída pelo comum acordo entre homens livres. Para ele, na origem da autoridade política está a livre deliberação do povo[20]: "todo povo recebe de Deus e da natureza a liberdade de regular os assuntos que lhe dizem respeito, de acordo com sua própria prudência e conveniência" (*Discourses*, I, 18, p. 61).

A ideia de que a autoridade política tem sua origem no consentimento do povo, que escolhe livremente a forma de governo que melhor lhe convém, era um lugar comum entre os defensores da causa parlamentar no decorrer das guerras civis. Henry Parker, por exemplo, em *Observations upon some of this Majesties late Answers and Expresses* (1642), ao criticar a concepção de que autoridade política do rei inglês derivava diretamente de Deus, sustenta que todo governo civil surgiu da necessidade dos homens de abandonarem sua precária condição de simples natureza. Na sua perspectiva, a autoridade política é instituída por meio de um comum acordo ou pacto entre os homens, que estabelecem uma determinada forma de governo a partir de certas condições. A sanção divina é concedida posteriormente à forma de governo escolhida pelo povo. A submissão à autoridade política está, dessa maneira, condicionada ao cumprimento do acordo estabelecido, o que implica que ela não é absoluta, já que a autoridade é concedida em confiança para o cumprimento de determinadas finalidades. Afinal, o único motivo razoável para que os homens aceitem submeter-se a

---

20 Sidney, A. *Discourses*, II, 6, p. 110 e 112.

uma autoridade política é a garantia de suas vidas, bens e liberdades[21].

Segundo Parker, todo governo deve estar a serviço do povo, por ter sido criado pelo povo e para o bem do povo. Como tal, suas ações devem estar condicionadas às necessidades do povo, explicitadas em leis que exprimem a vontade popular. Por isso, se o governo colocar em risco o bem-estar geral e desrespeitar os limites legais de ação legitimamente impostos, o povo estará liberado de toda lealdade, bem como estará obrigado, pelo mais alto dever, a buscar sua própria preservação e resistir a este governo.

Depois de estabelecida a República na Inglaterra, a mesma concepção da origem da autoridade política no consentimento do povo foi sustentada pelos defensores do novo regime. Em *The Tenure of Kings and Magistrates* (1649), Milton também aborda a origem, natureza e extensão da autoridade política[22]. O seu ponto de partida é a descrição de uma suposta condição natural dos homens, um estado pré-político no qual se viveria em plena liberdade. Com base no relato bíblico sobre a origem do mundo e do pecado original, Milton alega que essa liberdade natural não pôde persistir por muito tempo porque a transgressão de Adão introduziu o mal e a violência entre os homens, que se tornaram criaturas decaídas, ávidas em subjugar seu próximo. A fim de evitar a mútua destruição e garantir a própria conservação, ameaçada pela violência generalizada, eles concordaram então "por uma aliança comum, em obrigar-se uns aos outros contra a agressão recíproca, e a se defender em conjunto de qualquer um que perturbasse ou se opusesse a tal acordo. Daí vieram as vilas, cidades e repúblicas". (*A tenência de reis e magistrados*, p. 12-13).

Mas essa aliança baseada simplesmente no assentimento recíproco mostrou-se insuficiente, segundo Milton, porque não havia garantias

---

21 Parker, Henry. *Observations upon some of this Majesties late Answers and Expresses* (1642) In: Haller, William (ed.). *Tracts on Liberty in the Puritan Revolution 1638-1642*. New York: Columbia University Press, 1934, Volume II, p. 1-25.

22 Milton, J. *A tenência de reis e magistrados*. In: Dzelzainis, Martin (org.). *John Milton: Escritos Políticos*. São Paulo: Martins Fontes, 2005, p. 12-23.

de sua manutenção. Desse modo, por não consideraram suficiente para a permanência da vida social a disposição de cada um em cumprir com sua palavra, os associados "julgaram necessário dispor de alguma autoridade que pudesse refrear pela força e pela punição toda violação da paz e do direito comum". (*Ibid.*, p. 13).

A autoridade política foi então estabelecida pelos membros da sociedade formada para assegurar a paz e a segurança de todos. Ela foi instituída com o objetivo de evitar os perigos e inconvenientes de deixar a cada um o poder natural de determinar a justiça. Desse modo, os associados decidiram impor um poder disciplinador sobre eles mesmos, concedendo seu poder natural a reis e magistrados escolhidos por eles. O poder de jurisdição originou-se então da disposição dos associados em delegar a reis e magistrados seu poder original de julgar e punir os transgressores do direito comum. Caberia a tais reis e magistrados, doravante: "executarem, em virtude do poder que lhes fora confiado, a justiça, que, do contrário, cada homem, pelo elo de natureza e do pacto, precisava executar por si mesmo e pelo outro". (*Ibid.*, p. 13).

Na narrativa de Milton, não houve uma alienação do poder natural dos associados, tampouco se deu uma transferência mútua, definitiva e incondicional do direito natural de cada um, mas apenas uma atribuição ou delegação desse poder natural em favor de reis e magistrados. Desse modo, ao executar a justiça, reis e magistrados não estariam a exercer um novo direito, mas simplesmente aquele direito originariamente possuído por todos os homens, isto é, o direito de executar a lei natural; e como esse direito não fora totalmente abandonado, mas meramente confiado a reis e magistrados para que pudessem manter a paz e a segurança de todos, não fora criada uma nova jurisdição, apenas se concentrara seu exercício.

Porém, segundo Milton, ao perceberem que reis e magistrados poderiam exercer de modo arbitrário a autoridade que receberam em confiança, os associados decidiram criar regras capazes de controlar o seu exercício. Por isso, foram estabelecidas leis civis, às quais todos deveriam estar submetidos: "de modo que sobre eles pudesse exercer o mando não mais o homem de cujo fracasso eles haviam tido provas, mas a lei e a razão abstraídas, tanto quanto possível, dos erros e fraquezas pessoais". (*Ibid.*, p. 13-14). Mas, como muitos reis e magistrados não respeitavam as leis estabelecidas, os associados decidiram "estabelecer condições ou exigir que todos os reis e magistrados, no ato da posse, proferissem juramentos de praticar a justiça imparcial por intermédio da lei". (*Ibid.*, p. 14). Com o mesmo objetivo de limitar o exercício da autoridade política à finalidade para a qual foi instituída, foram então criados Conselhos e Parlamentos.

A obediência ficou, assim, condicionada ao respeito e cumprimento das leis — estabelecidas conforme o consentimento do próprio povo — por parte dos reis e magistrados: "e nesses termos, e apenas nesses termos, reis e magistrados receberam a fidelidade do povo, ou seja, o vínculo ou o pacto de obedecê-los na execução das leis que o próprio povo criara ou às quais assentira". (*Ibid.*, p. 14).

Segundo a descrição feita por Milton, na origem da autoridade política encontra-se, de um lado, o povo, que escolhe; do outro, reis e magistrados, que são escolhidos. Todas as instituições subsequentes — leis civis, Conselhos, Parlamentos — são criadas para assegurar o correto exercício da autoridade política e garantir a concretização do bem comum, materializado na paz e segurança pública[23]. O poder originário do povo não é alienado, mas simplesmente delegado: reis e magistrados, a quem o povo confiou o poder, assumem a obrigação de exercê-lo para o bem do povo; e o povo promete obediência ao magistrado civil que foi instituído para o seu bem[24].

---

23 Kahn, Victoria. "The metaphorical contract in Milton's Tenure of Kings". In: Armitage, David (ed.) *Milton and Republicanism*. Cambridge: Cambridge University Press, 1998, p. 82-105.

24 O pacto que estabelece a autoridade política fundamenta-se na noção de confiança. O conceito de confiança ocupava um lugar relevante no direito inglês: em confiança, o proprietário original de um direito o confiava a outra pessoa, que tinha um dever de administrar esse direito para o benefício de seu proprietário original ou de outro beneficiário. Seipp, David J. "Trust and Fiduciary in the early common law". In: *Boston University Law Review*, n. 91, 2011, p. 1011-1037.

Para esses defensores da causa parlamentar e do regime republicano, a autoridade política tinha sua gênese na disposição de homens livres e iguais em delegar a magistrados escolhidos seu poder natural, a fim de garantir a paz e a segurança comum. Tal autoridade era concebida como um encargo recebido em confiança, para ser exercida de acordo com as leis civis em prol do bem comum. Por isso, seu detentor tinha de prestar contas de suas ações ao povo, que podia julgar se o exercício desta autoridade estaria em conformidade com a finalidade para a qual fora instituída.

Mas nem todos os autores que partiam do pressuposto de que a autoridade política tinha sua origem em um acordo de homens naturalmente livres e iguais concebiam a autoridade política como um encargo recebido em confiança. Nos escritos políticos de Hobbes, por exemplo, não há momentos distintos e sucessivos: primeiro, um pacto de associação por meio do qual os homens se unem para viver em sociedade; depois, um pacto de transferência por meio do qual os associados transferem seu poder natural para o corpo político; finalmente, um pacto de submissão por meio do qual os membros deste corpo político se submetem a um governo. Para Hobbes, há um só e único ato por meio do qual se dá a associação de indivíduos, a sua união num mesmo corpo e a submissão de todos ao poder político instituído. Sociedade política, governo e obrigação política são estabelecidos simultaneamente pelo mesmo ato jurídico, no qual cada indivíduo assume o compromisso de renunciar ao uso ilimitado de seu poder natural, desde que os demais também o façam, em favor de uma pessoa criada artificialmente. Todos, conjuntamente, comprometem-se reciprocamente a transferir seu direito natural sobre todas as coisas e a submeter suas vontades à vontade desta pessoa, que passa a concentrar o poder de todos os que participaram do pacto[25].

Segundo Hobbes, as ações do portador dessa pessoa, o soberano, devem ser necessariamente reconhecidas como as ações dos próprios

25 Hobbes, T. *The Elements of Law Natural and Politic*, cap. XIX, p. 106-107; *Do Cidadão*, cap.V, p. 108-110; *Leviathan*, cap. XVII, p. 223-228.

indivíduos que o estabeleceram, uma vez que o soberano os representa em todas as coisas necessárias para a manutenção da paz. Por isso, não pode haver resistência aos comandos do soberano. Com base na ideia de representação do direito privado, é enfatizada a relação de autorização que concede ao soberano o direito de praticar ações e proferir palavras em nome dos indivíduos: "uma pessoa de cujos atos uma grande multidão, mediante pactos recíprocos uns com os outros, foi instituída por cada um como autora, de modo a ela poder usar a força e os recursos de todos da maneira que considerar conveniente, para assegurar a paz e a defesa comum" (*Leviathan*, cap. XVII, p. 106).

Numa analogia com a linguagem teatral, o soberano aparece como um ator que representa a pessoa juridicamente instituída, e os súditos como os autores dos atos deste ator, visto que autorizaram sua ação. A relação estabelecida entre o soberano e os súditos é, assim, de autorização. Todo ato do soberano se justifica por ter sido previamente autorizado pelos súditos; e os súditos devem sempre se considerar autores de todas as ações empreendidas pelo soberano. Esta autorização, que implica na autoridade do representante, resulta também na responsabilidade dos súditos, pois ao constituir o ator, investindo-o com poder para agir e falar em seu lugar, o autor assume a total responsabilidade pelos atos e palavras do ator, segundo os limites de sua autorização. Todas as ações do soberano são, portanto, de responsabilidade dos súditos, que as autorizaram no momento do pacto. Desse modo, não seria apenas irracional, mas contraditório desobedecer aos comandos do soberano[26].

O pacto hobbesiano tanto gera uma associação quanto estabelece um poder sobre a multidão reunida. Mais do que isso, ele viabiliza a passagem da pluralidade de indivíduos para a unidade ordenada do corpo político, bem como cria um vínculo de obrigação permanente, um sistema de deveres pelos quais os indivíduos se veem obrigados entre si diante do soberano e para com ele. O seu principal efeito é a obrigação de não resistir ao soberano, já que transferir um direito signi-

26 Hobbes, T. *Leviathan*, cap. XVI, p. 217-222.

fica comprometer-se a não pôr obstáculos ao seu beneficiário, ou seja, significa não impedir o uso do direito transferido.

Hobbes enumera então os direitos ou prerrogativas do soberano que são derivados da forma como foi realizado o pacto: o soberano deve ser objeto de suprema fidelidade, não sendo possível um novo pacto que revogue ou modifique o pacto anterior; ele não deve estar vinculado pelo pacto, porque não participou dele, mas foi o seu resultado; ele deve ter a absoluta obediência de todos os membros do corpo político e não apenas pela parte que o instituiu, caso ele tenha sido instituído pela maioria; ele não pode ser acusado de cometer injustiças, pois o autor de seus atos são os próprios súditos; ele não pode ser punido por seus súditos, uma vez que se isso acontecesse os súditos estariam castigando a si mesmos[27]. Em seguida, são enumerados os direitos outorgados ao soberano, tendo em vista a instauração da paz e segurança de todos: julgar as opiniões e doutrinas que são contrárias à paz; prescrever as regras pelas quais os súditos devem guiar suas ações, ou seja, estabelecer as leis civis; deter a autoridade judicial suprema; fazer a guerra e decretar a paz com outras nações; escolher os magistrados; distribuir recompensas e castigos; atribuir títulos de honra e dignidade aos súditos[28]. O conjunto desses direitos constitui a essência da soberania, sendo as marcas pelas quais é possível reconhecer o verdadeiro soberano.

Segundo Hobbes, esses direitos não podem ser compartilhados ou alienados. Eles podem ser exercidos por um só homem, por uma assembleia em que alguns participam ou por uma assembleia em que todos participam, resultando nas três formas possíveis de governo: monarquia, aristocracia e democracia. Não haveria uma quarta forma, mistura dessas três formas de governo, uma vez que a partilha dos direitos da soberania comprometeria a unidade do corpo político.

Hobbes crítica tanto os autores que desejavam limitar a soberania, submetendo o seu detentor ao consentimento do povo e ao respeito

---

27 *Id.*, *Ibid.*, cap. XVIII, p. 228-232.
28 *Id.*, *Ibid.*, cap. XVIII, p. 232-236.

pelo pacto com o povo, quanto os autores que defendiam a necessidade do exercício moderado do poder político pela divisão dos direitos da soberania. Como Filmer, mas por outras razões, considera a ideia da soberania limitada ou partilhada logicamente absurda. Por definição, em razão da maneira como foi instituído, o poder soberano é ilimitado e indivisível, necessariamente absoluto, sem qualquer possibilidade de contestação ou oposição por parte dos súditos[29].

Sidney, por sua vez, distancia-se das descrições nas quais a instituição da autoridade política é concebida a partir da analogia com conceitos jurídicos do direito privado, como se a liberdade pudesse ser um bem passível de transação. Para ele, a liberdade é aquilo que define o homem em sua humanidade. Por isso, alienar irrevogavelmente a liberdade de maneira parcial ou total significa renunciar à condição de ser humano, ou seja, significa contrariar as leis de Deus (as quais prescrevem ao homem o uso adequado de sua liberdade) e da natureza (a qual concebe os homens como seres racionais que têm o dever de manter sua liberdade)[30].

Não é por acaso que Sidney se detém no surgimento histórico de cidades livres, como Cartago, Atenas, Roma ou Veneza, a fim de caracterizar a instituição do governo como um ato realizado pelo desejo de viver em liberdade. A sua intenção é enfatizar que os homens, ao instituírem um governo, delegam apenas seu poder natural e trazem consigo sua liberdade, a fim de preservá-la com mais segurança[31]:

> a liberdade, ao ser justamente uma isenção do domínio de outrem, a questão não é saber como uma nação pode vir a ser livre, mas como um homem vem a ter domínio sobre ela; pois, até que o direito de domínio seja provado e justificado, a liberdade subsiste como vinda da natureza e pertencente ao homem (*Discourses*, III, 33, p. 510).

---

29 Hobbes, T. *The Elements of Law Natural and Politic*, cap, XXVII, p. 166-168 e cap. XX, p. 113-115; *Do Cidadão*, cap. VI, p. 122-132 e cap. VII, p. 140-141; *Leviathan*, cap. XVIII, p. 236-237 e cap. XIX, p. 240-241.

30 Hamel, Christopher. *L'Esprit Républicain: Droits naturels et vertu civique chez Algernon Sidney*, p, 223-243.

31 Sidney, A. *Discourses*, III, 33, p. 510-513.

3.2. Exercício do poder político

Sidney argumenta que, se a passagem à vida política exige a mútua restrição de uma parte da liberdade natural, isto não implica que os homens abandonem sua liberdade de julgar caso o governo, instituído para bem de todos, não esteja cumprindo a finalidade para a qual foi estabelecido. Afinal, aqueles que delegam devem manter o poder de avaliar os delegados:

> Se o poder está originariamente na multidão, um ou mais homens, para quem o exercício deste poder ou parte dele foi concedido, não têm mais poder do que os seus semelhantes; ainda que tenha sido conferido tal poder, não se pode acreditar que criaturas racionais tenham colocado um ou alguns de seus iguais acima deles, se não visassem seu próprio bem (*Ibid.*, I, 6, p. 21).

Na instituição do governo, o poder originário mantido pelo povo lhe garante o direito de controlar seus representantes: "se é verdade que aqueles que delegam poder sempre retêm para eles mais do que concederam, aqueles que instituem esses homens (magistrados) não lhes concedem um poder absoluto de fazer o que eles desejam, mas retêm para si mesmos mais do que conferiram aos seus representantes" (*Ibid.*, III, 38, p. 531).

Por isso, todos os magistrados civis, inclusive aqueles que exercem o poder supremo na sociedade política, são regulados, limitados e dirigidos por aqueles que os instituíram, ou seja, pelo povo: "governo e magistrados que o exercem [o poder político] são criados pelos homens. Aqueles que os constituem não podem deixar de ter o direito de regulá-los, limitá-los e dirigi-los conforme considerarem melhor para eles" (*Ibid.*, I, 11, p. 32).

De acordo com Sidney, a vigilância do povo sobre os magistrados estabelecidos tem um papel fundamental para a preservação da liberdade[32]. Como a história ensina, quando os magistrados são vigiados, constantemente eles não ousam infringir a lei civil, que garante a liberdade a todos os membros da sociedade civil[33].

Não se encontra nos *Discourses* uma definição rigorosa de povo: às vezes trata-se da própria multidão[34]; outras vezes refere-se ao conjunto de indivíduos que o compõem[35]; refere-se também ao todo, em oposição aos indivíduos particulares, na tradicional metáfora do corpo político[36]; noutras passagens designa a assembleia dos representantes do povo, ao subsumir a assembleia do povo à assembleia de seus delegados[37]. Não obstante tal polissemia, detecta-se com razoável regularidade a afirmação de que na origem de toda autoridade política encontra-se o povo, que tem o direito de instituir, controlar e destituir os magistrados civis[38].

A intenção é claramente enfatizar que o governo não dispõe de outro poder a não ser daquele conferido a ele pelo povo; e este poder delegado deve ser exercido de acordo com a finalidade para a qual o governo foi criado:

> É lícito, portanto, que a multidão escolha um ou alguns homens para governá-la, ou até mesmo decida manter este poder para ela mesma; e os magistrados que foram estabelecidos, não tendo outro poder senão o que lhes foi conferido pela multidão, grande ou pequena, são o que eles são por meio da multidão; e pela lei de sua própria instituição, exercem poderes proporcionais a concessão e de acordo com os fins para os quais lhes foram conferidos (*Ibid.*, II, 5, p. 99).

Sidney parece conceber este direito do povo como um direito de

32 *Id.*, *Ibid.*, III, 31, p. 504-505.
33 *Id.*, *Ibid*,. III, 40, p. 543-544.
34 *Id.*, *Ibid.*, II, 32, p. 310.
35 *Id.*, *Ibid.*, III, 21, p. 443-444.
36 *Id.*, *Ibid.*, III, 36, p. 519.
37 *Id.*, *Ibid.*, II, 5, p. 102.
38 Carrive, Paulette. *La pensée politique d'Algernon Sidney*, p. 130-135.

autogoverno em dois sentidos. Primeiro, no sentido estrito do povo optar por exercer diretamente a autoridade política, já que ele é livre para escolher a forma de governo que considera mais adequada para o seu bem[39]. Mas esta forma de governo, além de ser inviável em nações com amplo território e extensa população, parece ser improvável: "governo popular no estrito senso (que é uma pura democracia, na qual o povo executa por si mesmo tudo que diz respeito ao governo) não conheço; e se existisse no mundo, não teria nada a dizer sobre ele" (*Ibid.*, II, 19, p. 189).

No segundo sentido, o direito de autogoverno parece ser entendido como a posse permanente do poder supremo, ou seja, do poder de estabelecer e modificar as leis e o regime político[40]. Neste sentido, mais viável para as nações modernas, a liberdade é caracterizada pela contínua possibilidade de retomar o poder delegado em confiança ao governo.

Contestando a opinião de Filmer, Sidney afirma que os povos antigos, como os atenienses, dadas as suas condições, reuniam-se em praça pública para discutir e deliberar sobre a coisa pública. Mas quando consideraram isto inconveniente ou muito difícil, em razão do grande número de cidadãos, eles instituíram assembleias, que passaram a ter tal incumbência. O propósito desses comentários parece ser mostrar que, quando os homens estão reunidos em sociedade civil, não há diferença entre o que é feito diretamente pelo povo ou por alguns representantes escolhidos para agir de acordo com os poderes delegados: "e quando um povo está reunido, por um mútuo acordo, numa sociedade civil, não há diferença de direito entre o que é feito por todos ou por alguns deputados que atuam de acordo com os poderes recebidos de todos" (*Ibid.*, II, 5, p. 102).

Sidney sustenta que a função do magistrado civil, em particular aqueles que exercem o governo, exige integridade, sabedoria, experiência e outras características que não se encontram em todos os ho-

---

39 Sidney, A. *Discourses*, III, 31, p. 502.
40 *Id.*, *Ibid.*, III, 38, p. 531

mens. Por isso, a voz da natureza, que havia sido seguida pelos antigos, ordena que o governo seja atribuído aos melhores, ou seja, aqueles que possuem os talentos necessários para exercer a autoridade política[41]: "somente a sabedoria, justiça, valor e outras virtudes louváveis, que não são hereditárias, podem conceder a preferência; e a única razão pela qual ela pode ser concedida é que homens tão qualificados podem melhor do que os demais realizar os fins para os quais a sociedade foi constituída" (*Ibid.*, II, 1, p. 80).

Os autores clássicos utilizados por Filmer para sustentar sua doutrina, em particular Aristóteles e Platão, são evocados para provar esta determinação da natureza em atribuir a autoridade política aos mais qualificados para exercê-la[42]. Segundo Sidney, os diálogos platônicos, especialmente *A República* e *As Leis*, repetiam exaustivamente que os melhores cidadãos deveriam ser escolhidos para ocupar as principais magistraturas. Enfatizavam que, se a natureza determina uma função a cada um, escolher para o governo pessoas que não superam as demais em virtude implicaria violá-la. Do mesmo modo, Aristóteles salientava que aqueles que se sobressaem naturalmente pela virtude e talento deveriam ser escolhidos para governar. Ambos reconheciam, assim, uma natural desigualdade de virtude entre homens igualmente livres. Tal desigualdade tornava uns mais aptos do que os outros para governar e realizar a finalidade da vida política[43].

Assim, de acordo com os preceitos da natureza, aqueles com mais virtudes e habilidades para exercer a autoridade política deveriam governar, já que estariam mais bem preparados para desempenhar esta função. Segundo Sidney, a natureza não determina quem deve governar, mas fornece aos homens o critério para tal escolha; e seria contrariá-la conceder o governo aos que são inferiores em virtudes e habilidades. Por isso, é preciso atribuir autoridade política àqueles que estão

---

41 *Id.*, *Ibid.*, II, 1, p. 77-79.

42 Nelson, Scott A. *The Discourses of Algernon Sidney*. London: Associated University Press, 1993, p. 64-76.

43 Sidney, A. *Discourses*, II, 1, p. 80-87.

mais habilitados para exercê-la e que são mais capazes de promover as finalidades para as quais o governo foi instituído, quais sejam, promover a segurança, a preservação da vida, liberdade e propriedade dos membros da sociedade civil[44]:

> Se a segurança da nação é o fim para o qual os governantes foram instituídos, seja qual for o título que eles tenham para governar, eles estão comprometidos pela lei de natureza a buscá-la; e de modo a fazer isto, preservar as vidas, terras, liberdades e bens de cada um de seus súditos... se todos os príncipes estão obrigados pela lei de natureza a preservar as terras, bens, vidas e liberdades de seus súditos, estes súditos têm pela lei de natureza um direito a suas liberdades, terras, bens etc., e não podem depender da vontade de algum homem, pois esta dependência destrói a liberdade (*Ibid.*, III, 16, p. 405-6).

3.3. As formas de governo

De acordo com Sidney, por serem dotados de razão, os homens devem estabelecer, por meio de um acordo, a forma de governo mais adequada para os seus propósitos: "tendo dado a todos os homens, em algum grau, uma capacidade de julgar o que é bom para eles, Deus concedeu a todos, do mesmo modo, a liberdade de criar as formas de governo que mais lhes agradam sem favorecer uma em detrimento de outras" (*Ibid.*, I, 6, p. 20).

A liberdade do povo em estabelecer a forma de governo que considerar mais adequada aos seus propósitos explicaria também a diversidade de formas de governo existentes em todas as épocas:

> Esse direito [de governar], em diversas nações e épocas, tem sido exe-

44 Hamel, Christopher. *L'Esprit Républicain: Droits naturels et vertu civique chez Algernon Sidney*, p. 271-287.

> cutado de diversas formas, estabelecendo monarquias, aristocracias, democracias e governos mistos, de acordo com a variedade de circunstâncias; e os governos têm sido bons ou maus, conforme a retidão ou perversidade de suas instituições, e a virtude e sabedoria ou a loucura e vício daqueles para quem o poder foi conferido (*Ibid.*, II, 5, p. 99).

Para Sidney, se muitas vezes as circunstâncias desempenham um papel relevante na escolha dos povos, elas não são determinantes, pois, sob as mesmas circunstâncias, povos diferentes escolheram formas de governo distintas, em razão da diversidade de julgamento dos homens, fundada na liberdade de escolher seu próprio bem:

> A variedade de leis e de governos, que existem e existiram em vários lugares e épocas, é o produto das várias opiniões daqueles que têm o poder de estabelecê-los. Isto deve necessariamente ser assim, a não ser que uma regra geral seja estabelecida, porque o julgamento dos homens varia se eles exercerem sua liberdade; e a variedade que é encontrada entre os homens mostra que eles não estão sujeitos a esta regra, mas seguem sua própria razão, pela qual consideram aquilo que melhor lhes convém ou deve ser evitado, de acordo com as circunstâncias sobre as quais vivem (*Ibid.*, III, 45, p. 569-70).

Em sua crítica ao *Patriarcha* de Filmer, Sidney contesta a alegação de que a monarquia havia sido a primeira forma de governo estabelecida pela humanidade e de que o monarca seria superior ao povo, detendo o direito exclusivo de decretar as leis e de estar acima delas, em razão de sua precedência temporal. Sua objeção está baseada nos relatos históricos de que os monarcas sempre foram instituídos pelo povo de acordo com leis previamente estabelecidas: o povo romano elegeu Rômulo como rei; os israelitas tinham leis e magistrados centenas de anos antes de escolherem reis; os saxões e os bretões, povos das quais os ingleses descendiam, também entronizaram reis e os depuseram quando eles não cumpriram com seus deveres. A história mostrava que em todos os povos sempre houve uma multidão de homens e um conjunto de leis antes da escolha de reis; e sempre foi pelo consentimento desta multidão que alguém se tornou rei:

> A multidão de homens que o estabeleceu rei, o estabeleceu como melhor lhe foi conveniente. Este rei só teve o que lhe foi concedido: sua grandeza e poder deve estar na multidão que lhe concedeu tal poder e grandeza; e as suas leis e liberdades não poderiam ter vindo deste rei, porque suas liberdades eram naturalmente inerentes a eles e suas leis foram o produto de suas liberdades (*Ibid.*, III, 25, p. 457).

Embora a monarquia pudesse ter sido a primeira forma de governo estabelecida pela humanidade, tal precedência não implicava, para Sidney, que este regime devesse ser mantido. Afinal, nenhum povo estava obrigado a manter uma forma de governo que, embora tenha sido adequada no passado, deixara de sê-lo no presente. O povo sempre foi livre e continua a sê-lo para instituir a forma de governo mais conveniente para si[45].

Sidney não considera tão relevante essa discussão sobre qual seria a forma de governo mais antiga, preferindo então discutir qual seria a melhor: "como os governos foram instituídos para a obtenção da justiça e a preservação da liberdade, nós não vamos investigar qual foi o primeiro governo, mas qual é o melhor para a obtenção da justiça e a preservação da liberdade" (*Ibid.*, III, 25, p. 460).

Em *Court Maxims*, ele critica com veemência as máximas que sustentavam a superioridade da monarquia absoluta e hereditária sobre as demais formas de governo. A primeira máxima exposta pelo cortesão Philalethes é de que a monarquia é a melhor forma de governo, em razão da necessidade de o homem viver em sociedade com base em leis estabelecidas e mantidas por um poder supremo concentrado numa só pessoa. O republicano Eunomius concorda com a necessidade de

45 *Id.*, *Ibid.*, III, 25, p. 456-461.

leis para a existência da sociedade e de um poder supremo capaz de decretá-las e executá-las. Mas discorda da crença de que só numa monarquia absoluta, na qual o rei detém poder exclusivo de legislar, seria possível ter essas leis.

Philalethes ainda defende a superioridade das monarquias, argumentando que, ao contrário das repúblicas, constantemente agitadas pela fúria popular e enfraquecidas pelas frequentes divisões de suas assembleias, as monarquias sempre tiveram uma maior tranquilidade interna e um império mais vasto. Eunomius responde que prefere boas razões em vez de exemplos na discussão de princípios. Porém, os exemplos históricos mostravam que as nações a serem imitadas eram aquelas que foram governadas pelas suas próprias leis, fruto do consentimento de seus cidadãos, e não aquelas que foram submetidas à vontade de um monarca. Os exemplos de Roma, na antiguidade, da Holanda e de Veneza, na contemporaneidade, além da própria Inglaterra no período republicano, provavam que as repúblicas sempre foram superiores às monarquias[46].

A segunda máxima analisada é de que a monarquia deve ser absoluta e hereditária por diversas razões: 1) a ordem pública é mais bem estabelecida e mantida; 2) as resoluções são mais rápidas e sua execução mais eficaz; 3) o interesse do estado é constantemente perseguido, pois o monarca concebe o estado como um patrimônio a ser transmitido para seus descendentes; 4) o exercício do governo requer uma nobreza de espírito que é encontrada apenas naqueles que são formados desde a infância para esse ofício; 5) as honras e riquezas são mais bem distribuídas quando dependem do juízo de um só homem; 6) os estados mais renomados são aqueles nos quais tudo está sob o poder de um homem posto acima da lei[47].

O republicano Eunomius contesta cada uma dessas razões. Sobre a primeira, ele reconhece que a agitação desordenada de uma multi-

46 Sidney, Algernon. *Court Maxims*, p. 11-17.
47 *Id.*, *Ibid.*, p. 21-22.

dão pode parecer com a tenebrosa confusão do caos. Mas pondera que Deus produziu a ordenação do mundo com a mistura e combinação de uma variedade de formas, fornecendo aos homens um modelo a ser seguido para o estabelecimento da ordem pública. Assim, pelo poder da razão, centelha divina que o homem carrega em si, é possível produzir da aparente confusão de uma multidão desordenada uma sociedade civil bem ordenada.

Sobre a segunda razão, com base em vários exemplos históricos, ele sustenta que as repúblicas são tão rápidas e até mesmo superiores na tomada e execução de importantes resoluções. Elas são ainda mais constantes nas suas decisões do que as monarquias, que dependem das inclinações e humores do rei, porque nelas são as leis que governam, expressando melhor a razão; e se as assembleias podem ser afetadas pelas paixões de seus membros, elas estão menos sujeitas às instabilidades e variações que sofrem o espírito de um só homem[48].

Para contestar as demais razões, Eunomius argumenta que, se um rei cuida bem de seus súditos apenas quando tem domínio sobre eles, como um senhor cuida de seu patrimônio quando sabe que este será transmitido aos seus descendentes, então esses súditos não são homens livres, mas escravos. Além disso, parece insensato pensar que a virtude, caso exista em um determinado rei, possa ser transmitida pelo sangue aos seus descendentes; e, diante da crença propagada na corte segundo a qual homens virtuosos desejam o poder absoluto para fazer o bem, as *Escrituras* e a história dos povos antigos mostram claramente que os homens de grande virtude só aceitaram um poder absoluto em condições excepcionais, por um curto período, e jamais desejaram transmiti-lo aos seus descendentes.

Enfim, para provar que o poder hereditário é iníquo e contrário à natureza, Eunomius argumenta que, se a regra fundamental da justiça é dar o que é igual aos iguais, seria injusto conceder a um homem, que é naturalmente igual em poder aos demais, domínio sobre todos os ou-

---

48 *Id.*, *Ibid.*, p. 25-28.

tros sem que houvesse o consentimento destes. Para não ser contrário à razão, aquele que pretende ter poder sobre seus semelhantes deve ser capaz de mostrar que merece tal distinção, já que Deus não determinou uma hierarquia natural entre os homens[49].

A terceira máxima examinada é de que a monarquia absoluta e hereditária é a forma de governo recomendada pelas Escrituras. O cortesão Philalethes reproduz várias passagens bíblicas, utilizadas frequentemente pelos realistas, para provar tal recomendação, quais sejam: a vontade divina de instituir para seu povo o governo monárquico com Moisés, os juízes, Saul e David[50]; a advertência, após a instituição da monarquia, de que o poder dos reis não tinha limites, a não ser a própria vontade do monarca[51]; o reconhecimento, no caso do adultério de David, de que os reis só deviam prestar contas de seus atos perante Deus[52].

Eunomius refuta cada uma dessas inferências com uma interpretação diferente dessas passagens. Em sua exegese bíblica, Moisés não teria exercido um poder monárquico, apesar de merecê-lo por sua proeminência em virtude e sabedoria sobre os demais israelitas; e mesmo que ele tivesse exercido algum tipo de poder monárquico, não o havia transferido para seus descendentes. Os juízes, por sua vez, teriam sido instituídos por Deus somente em ocasiões extraordinárias, por um tempo determinado, e as suas decisões foram referendadas pela assembleia do povo, em particular por uma congregação de setenta israelitas, escolhidos mediante os critérios de idade e mérito. A instituição dos reis havia sido um pedido do povo, que demonstrou com isso seus vícios e pecados, uma vez que Deus havia estabelecido um governo fundado em instituições que preservavam a liberdade; e se Deus havia permitido a realeza, o fez como uma maneira de punir o povo por sua loucura. De qualquer modo, isso mostrava que os reis de Israel haviam sido eleitos pelo povo. Sobre o poder ilimitado desses reis, Eunomius argumenta

---

49 *Id., Ibid.*, p. 28-37.

50 Respectivamente Êxodo 3-4; Números 11,16-30; 1 Samuel 10,17-27 e 1 Samuel 16,12-3.

51 1 Samuel 8,10-18.

52 Salmo 51.

que as palavras de Samuel não expressavam uma prescrição divina, mas uma advertência ao povo sobre a condição à qual estaria sujeito com a instituição da monarquia; e se Deus, posteriormente, havia permitido a tirania desses reis, fê-lo para purgar o povo de seus pecados[53].

Nos *Discourses*, ao contrário de Filmer (para quem a monarquia absoluta e hereditária é a melhor forma de governo, porque produz a ordem necessária que garante a desejada estabilidade política), Sidney procura mostrar que a monarquia gera instabilidade e desordem: "espero provar que, entre todas as coisas sob o sol, não há nada mais mutável ou instável do que a monarquia absoluta" (*Discourses*, II, 11, p. 136).

O seu primeiro argumento é que a estabilidade política depende da virtude e sabedoria daquele que exerce o poder civil e militar. Não é possível que tais qualidades estejam reunidas num único homem, ou possam ser transmitidas pelo sangue. Desse modo, numa monarquia absoluta e hereditária, a salvaguarda da coisa pública passa a depender das vicissitudes da fortuna, cuja inconstância é completamente oposta à estabilidade[54].

O segundo argumento, já desenvolvido em *Court Maxims*, está sustentado nos relatos históricos que narram a instabilidade das monarquias absolutas e hereditárias, como as monarquias dos babilônios e assírios, sempre sujeitas às variações de caráter dos monarcas: "em todas as coisas havia uma perpétua flutuação, em razão da loucura de seus reis, e a violência daqueles que transportavam o império de um lugar ou de uma família para outra" (*Ibid*., II, 11, p. 137).

As únicas exceções, na opinião de Sidney, foram as monarquias mistas e reguladas por leis, nas quais parlamentos ou outras formas de assembleia de representantes do povo controlavam a autoridade dos monarcas e repeliam aqueles que eram considerados inaptos para exercício do governo[55]. Mas, mesmo em monarquias nas quais o rei era

---

53 Sidney, Algernon. *Court Maxims*, p. 38-50.

54 Sidney, A. *Discourses*, II, 11, p. 136-137.

55 *Id.*, *Ibid*,. II, 11, p. 140-144.

reconhecidamente sábio e virtuoso, não havia garantias para os súditos de seus direitos. Isto porque a vida e os bens dos súditos dependiam sempre da vontade do monarca. Nas monarquias, os súditos não têm outros direitos senão aqueles que o monarca lhes concede; e, deste modo, sem cometer injustiça, o rei pode mantê-los ou não, de acordo com sua vontade[56]:

> Como a liberdade consiste em não estar sujeito à vontade de outro homem, e nada denota um escravo mais do que a dependência da vontade de outrem, se não houver outra lei em um reino senão a vontade de um príncipe, não haverá algo como a liberdade. A propriedade é também um apêndice da liberdade; é impossível para um homem ter direito a terras e bens, se não tiver liberdade e desfrutar de sua vida pela graça de outrem (*Ibid.*, III, 16, p. 402-3).

Na avaliação de Sidney, a única maneira de um povo ter seus direitos assegurados é manter a sua liberdade: "um povo, em relação aos assuntos domésticos, não pode desejar outra coisa senão a liberdade; por isso, odeia ou teme aquele que retira ou que é suspeito de querer retirar esta felicidade dele" (*Ibid.*, II, 29, p. 285).

O melhor exemplo, neste caso, fora dado pelos romanos. Depois de expulsar os reis etruscos e recuperar sua liberdade, eles floresceram em poder, riqueza e glória. Passaram a lutar com mais coragem e determinação, vencendo seus inimigos e expandindo seu império. Desse modo, os romanos ultrapassaram a todos os povos em virtude e valor. Enquanto perdurou a liberdade, eles mantiveram sua grandeza e felicidade, mas assim que a perderam, o vício e a corrupção se instauraram, e Roma conheceu sua decadência[57]: "a força, virtude, glória, riqueza, poder e felicidade de Roma foram provenientes da liberdade, surgiram, tiveram seu esplendor e pereceram com ela" (*Ibid.*, II, 12, p. 149).

---

56 *Id.*, *Ibid*,. II, 29, p. 284.
57 *Id.*, *Ibid.*, II, 12, p. 144-149.

Do mesmo modo, em todas as cidades livres, em razão das contínuas eleições para suas respectivas magistraturas, as qualidades dos melhores cidadãos podem se manifestar no desempenho das funções públicas, possibilitando seu maior desenvolvimento:

> As cidades livres, pelas frequentes eleições de magistrados, tornaram-se berço de homens hábeis e valorosos, cada um procurando ultrapassar a excelência dos demais; para ser alcançada a honra, seus cidadãos não tinham outro título senão o que podia surgir de seus méritos ou reputação; elas foram tão bem-sucedidas que se pode dizer que uma delas produziu mais homens eminentes do que todas as monarquias absolutas que já existiram no mundo (*Ibid.*, II, 28, p. 270-271).

3.4. Governo misto ou popular

Embora um povo possa escolher a forma de governo que considerar a mais adequada para alcançar seus propósitos, Sidney considera que um bom governo deve preencher alguns requisitos, dentre os quais, os mais importantes seriam: deve ser limitado no exercício do poder político; deve ser controlado pelas leis estabelecidas pelo povo; não deve estar sujeito à vontade arbitrária de quem o exerce; deve ter a capacidade de articular e atingir o interesse público; deve prestar contas de suas ações ao povo que o instituiu; e, finalmente, deve saber lidar com a inevitável corrupção ao longo do tempo. A forma de governo considerada capaz de preencher esses requisitos é o governo misto, resultado da combinação das três formas simples de governo (monarquia, aristocracia e democracia) e geralmente instituído em repúblicas:

> A natureza humana é tão frágil que, onde a palavra de uma só pessoa teve a força de lei, os inumeráveis prejuízos e extravagâncias produzidos foram tão notórios que todas as nações que não foram estúpidas, escravas e embrutecidas abominaram esta prática; e tiveram todo cui-

> dado para encontrar remédios contra isto, dividindo e equilibrando os poderes de seus governantes, de tal modo que um ou poucos homens não pudessem ser capazes de oprimir e destruir aquilo que eles deviam preservar e proteger[...] essas considerações deram início, desenvolvimento e continuidade a todos os governos mistos que existiram no mundo; e eu posso justamente dizer que não houve um bom governo que não tenha sido misto (*Ibid.*, III, 43, p. 560-1).

Segundo Sidney, esta forma de governo foi projetada por Deus para o povo hebreu; depois, adotada por algumas cidades gregas, como Esparta e Atenas; em seguida, estabelecida durante o período republicano em Roma; e, posteriormente, adotada por algumas cidades italianas, como Lucca, Gênova e Veneza, além de nações do norte europeu, como Suécia, Dinamarca e Polônia[58]. Tal forma fora a solução apontada pelos filósofos e historiadores antigos para o problema da mudança e corrupção dos regimes políticos, inevitável em razão da contínua instabilidade das instituições humanas[59].

Diferentemente de Políbio e de outros autores antigos, Sidney não concebe o problema da mudança dos regimes políticos (*metabole politeion*) com base no movimento cíclico das formas de governo (*politeion anakyklosis*)[60]. Ele também não sugere que seja possível evitar a corrupção pela adoção de uma determinada forma de governo, uma vez que a estabilidade no seu sentido absoluto é impossível aos homens, encontrando-se apenas em Deus, único portador da perfeição[61].

Para Sidney, os governos estão inscritos na temporalidade e, como todas as coisas humanas submetidas à ação do tempo, estão sujeitos a todo tipo de imperfeição: "tal é a imperfeição de todas as instituições humanas, pois estão submetidas à flutuação perpétua, que jamais per-

58 *Id.*, *Ibid.*, II, 16, p. 166-170.

59 Para uma análise do regime misto na antiguidade, ver Von Fritz, Kurt. *The Theory of the Mixed Constitution in Antiquity*. New York: Columbia University Press, 1954.

60 Políbio. Histórias, L. VI, 3-9.

61 Sidney, A. *Discourses*, II, 11, p. 136.

mite que elas continuem por muito tempo na mesma condição" (*Ibid.*, III, 25, p. 460). Esta característica das instituições humanas por si só já justificaria o direito dos povos em adaptar sua vida política às mudanças do tempo. Neste sentido, a alteração na forma de governo não é um sinal de irregularidade, mas o testemunho do esforço humano em melhorar suas condições de existência política: "As mudanças são, assim, inevitáveis; e a engenhosidade do homem não pode ir além da instituição [de uma forma de governo] na relação com as forças, modos, natureza, religião ou interesses de um povo e seus vizinhos, sendo apropriada e adequada para o que é ou pode ser percebido" (*Ibid.*, II, 17, p. 173).

Com base no exemplo de Roma e seguindo a recomendação feita por Maquiavel, Sidney sugere que a melhor maneira de combater a corrupção dos regimes políticos é a renovação contínua das instituições por meio do retorno aos primeiros princípios: "todas as constituições humanas estão sujeitas à corrupção e devem perecer, a menos que elas sejam renovadas de tempos em tempos e retornem aos seus primeiros princípios" (*Ibid.*, II, 13, p. 150).

De fato, nos *Discursos sobre a Primeira Década de Tito-Lívio*, Maquiavel enfatiza a necessidade de um retorno periódico aos primeiros princípios como forma de combater a corrupção dos regimes políticos. Este retorno não consistiria numa simples reafirmação do conteúdo original do seu estabelecimento, mas na rememoração do momento constitutivo do corpo político, quando os seus princípios foram impostos pela necessidade. Isto poderia acontecer de três maneiras: pela exposição do corpo político a um perigo externo; pelo surgimento de homens virtuosos que se colocam no limite do direito; e pela criação de mecanismos legais que produzem o contínuo retorno às origens de maneira regular. Menos contingente e mais eficaz, o terceiro processo é considerado o mais adequado, uma vez que significa simplesmente retornar às leis efetivas e às instituições atuantes[62].

---

62 Maquiavel, N. *Discursos sobre a primeira década de Tito-Lívio*, III, cap. 1-3.

De qualquer modo, a forma de governo menos sujeita à corrupção seria, de acordo com Sidney, o governo misto, denominado muitas vezes de governo popular. Esta forma de governo não é associada à democracia, considerada adequada apenas para pequenas cidades, onde o povo exerce diretamente o poder político[63]. O governo misto ou popular é caracterizado pela concessão do governo a magistrados eleitos pelo povo, que, por sua vez, mantém e exerce a supremacia por meio de assembleias de representantes: "eu chamo de governos populares aqueles de Roma, Atenas, Esparta e semelhantes... onde o poder é conferido aos magistrados superiores pelo livre consentimento de um povo entusiasmado e a parte considerada apropriada para ele é mantida e executada pelas suas próprias assembleias" (*Ibid.*, II, 19, p. 189).

O governo misto ou popular é também considerado superior ao monárquico tanto em seus princípios quanto em suas práticas. No que se refere aos princípios, uma das características do governo popular é que o seu interesse é o mesmo do povo. Isto porque os magistrados escolhidos pelo povo para governar não podem visar algo que não seja o interesse do povo, já que eles foram criados e são mantidos pelo povo. Não há, assim, uma oposição entre o interesse do governo popular e o interesse público. Já numa monarquia, o monarca governa para si mesmo e busca apenas seu próprio interesse. Para realizá-lo, o monarca procura então enfraquecer o povo, corrompendo-o para poder escravizá-lo[64].

Segundo Sidney, as monarquias estão mais sujeitas à corrupção do que os governos populares, principalmente por dois motivos: primeiro, como não pode subsistir sem um povo corrompido, o monarca introduz a corrupção para que ela se espalhe pelo povo; segundo, as honras e magistraturas não são conquistadas nas monarquias por ações virtuosas, mas por outros meios, como dinheiro e favorecimento. Além disso, os monarcas procuram promover a corrupção, enfraquecendo a

63 Sidney, A. *Discourses*, II, 30, p. 298.
64 *Id.*, *Ibid.*, II, 19, p. 184-191.

virtude do povo, porque sabem que em um povo corrompido a liberdade não pode ser instaurada ou mesmo preservada. Assim, se todo governo está sujeito à corrupção, a monarquia a carrega em seus princípios, enquanto o governo misto ou popular é capaz de enfrentá-la melhor em razão de suas características. Se numa monarquia o poder é exercido sem qualquer limite ou moderação, abrindo as portas para a tirania, num governo misto ou popular o poder é limitado pelas leis e pelo controle do povo. [65]

Na avaliação de Sidney, Aristóteles não era a favor da monarquia ou contra o governo popular, como sustentava Filmer, mas aprovava ou desaprovava a forma de governo de acordo com as circunstâncias. Aristóteles elogiava a monarquia quando o monarca tinha as virtudes necessárias para realizar o bem da comunidade[66]. Do mesmo modo, Platão acreditava que se fosse encontrado um homem que excedesse a todos em virtude, ele deveria ser elevado acima de todos. Mas ambos reconheciam que era difícil encontrar tal homem virtuoso; e admitiam não haver razão ou justiça no poder de um monarca, a não ser que ele tivesse mais virtude do que todos[67].

Nas questões práticas, ao contrário da monarquia, que não permite a participação dos súditos nos negócios públicos, o governo misto ou popular, por depender da ação de seus cidadãos, procura engajá-los no cuidado e proteção da coisa pública[68]:

> Num governo popular ou misto todo homem está envolvido: cada um tem uma parte de acordo com sua qualidade ou mérito; todas as mudanças são prejudiciais para todos; o que quer que seja considerado conveniente para o bem público pode ser proposto por todos, seja no exercício da magistratura, seja diretamente para os magistrados; o corpo do povo é a defesa pública e todo homem está armado e disciplinado. As

---

65 *Id.*, *Ibid.*, II, 25, p. 251-258.
66 *Id.*, *Ibid.*, II, 10, p. 132-134.
67 *Id.*, *Ibid.*, II, 30, p. 288.
68 *Id.*, *Ibid.*, II, 21, p. 195-202.

> vantagens do bom sucesso são comunicadas para todos e cada um aceita uma parte nas perdas. Isto torna os homens generosos e laboriosos; e enche seus corações com o amor pelo país. Isto e o desejo de glória, que é a recompensa da virtude, floresceram entre os romanos acima do resto da humanidade; e onde quer que o mesmo caminho seja trilhado, terá em grande medida os mesmos efeitos (*Ibid.*, II, 21, p. 199).

Desse modo, num governo popular, os cidadãos têm um envolvimento maior e cuidam melhor da coisa pública. Ao perceberem que o bem individual está compreendido na prosperidade pública e que o sucesso da comunidade redunda em benefício pessoal, os cidadãos não medem esforços para efetivar o interesse público. Como cada cidadão vê seu próprio bem incluído no bem público, esforça-se em preservá-lo, pois sabe que o prejuízo do bem público significa também o seu infortúnio. Isto encoraja a dedicação e o trabalho em benefício da coisa pública. Além disso, em razão das frequentes eleições para as magistraturas, o governo popular motiva seus cidadãos a superar uns aos outros em virtude. Ao ver as honras adquiridas pelos magistrados, escolhidos entre os melhores cidadãos, cada cidadão procura adquirir a virtude necessária para ocupar cargos públicos, pois sabe que sua eleição só depende de seu mérito[69].

A fim de provar a superioridade do governo popular sobre o monárquico, parafraseando Maquiavel[70], Sidney argumenta que a sabedoria conjunta de um povo ultrapassa de longe a de um só homem. Não por uma espécie de virtude oculta na multidão, mas pela presença conjunta da razão, que permite aos cidadãos tomar as melhores decisões para as questões que lhes dizem respeito[71]: "muitos olhos veem mais do que um: a sabedoria coletiva de um povo ultrapassa a de uma só pessoa; ela até pode buscar verdadeiramente o que é o melhor, mas não é pro-

---

69 *Id.*, *Ibid.*, II, 28, p. 270-279.
70 Maquiavel, N. *Discursos sobre a Primeira Década de Tito-Lívio*, I, cap. 58.
71 Sidney, A. *Discourses*, III, 14, p. 397.

vável que ela possa facilmente encontrá-lo, como o corpo de uma nação ou os principais homens escolhidos para representar o todo" (*Ibid.*, III, 16, p. 403).

O governo popular também é considerado superior à monarquia no campo militar. Na avaliação de Sidney, se as vitórias nas batalhas dependem da qualidade e da coragem de quem comanda, ou do número e valor dos soldados, o governo popular supera a monarquia. Enquanto na monarquia o comandante em chefe é o rei (que nem sempre tem experiência militar ou habilidade para comandar), no governo popular o comando é exercido por alguém selecionado entre os melhores cidadãos; e se o escolhido morrer em combate, ao contrário do que acontece com a morte do rei, outros cidadãos com a mesma qualidade podem substituí-lo rapidamente[72].

Sidney mantém a crença de Maquiavel segundo a qual os melhores soldados são os próprios cidadãos, os quais lutam para si e para sua posteridade. Tal comprometimento acontece apenas no governo popular, sobretudo quando os cidadãos podem andar armados. Contrariamente, no regime monárquico, os súditos servem a um senhor, cujo sucesso traz, em geral, prejuízos a todos. Além disso, a história relata inúmeros exemplos de vitórias militares de governos populares sobre as monarquias, em razão do maior vigor e força dos cidadãos armados, dotados de disciplina e boa ordenação militar. Em contraposição, não há relatos históricos de povos livres que tivessem sido conquistados por monarquias; e isto não podia ser atribuído somente à fortuna, mas à virtude e boa ordenação dos governos populares[73].

Num mundo de recursos limitados e intensa competição entre as nações, parafraseando mais uma vez Maquiavel[74], Sidney avalia que a melhor estratégia é estar sempre pronto para o enfrentamento, com a intenção de conquistar novos territórios, e não simplesmente se defen-

---

72 *Id.*, *Ibid.*, II, 23, p. 212-213.
73 *Id.*, *Ibid.*, II, 23, p. 213-216.
74 Maquiavel, N. *Discursos sobre a Primeira Década de Tito-Lívio* I, cap. 6.

der. Como o autor florentino, Sidney prefere o dinamismo e o expansionismo militar de Roma do que a estabilidade e pacifismo de Esparta ou Veneza, pois nenhuma nação pode estar segura sem o ardor e a disposição para a conquista[75]:

> A experiência nos ensina que as nações podem estar seguras somente se forem fortes; e que nenhum povo foi tão bem defendido quanto aquele que lutou por si mesmo; os melhores juízes dessas matérias têm sempre dado preferência para aquelas constituições que visam principalmente a guerra e fazem uso do comércio para auxiliar esse fim; e pensam que é melhor visar a conquista do que simplesmente manter-se na defesa (*Ibid.*, II, 22, p. 205).

Na avaliação de Sidney, os governos populares também estão menos sujeitos às desordens civis, inevitáveis em todas as formas de governo. Para ele, as sedições e tumultos ocorrem geralmente por *erro* ou por *malícia*. Procedem do erro quando o povo toma o mal pelo bem, o que ocorre efetivamente mais nos governos populares do que nas monarquias, visto que o povo toma mais decisões num governo popular e, por isso, está mais sujeito a equivocar-se. Já as desordens civis provenientes da malícia raramente ocorrem nos governos populares, porque o povo jamais deseja ferir-se a si próprio. Nas monarquias, ao contrário, quase todos os distúrbios e tumultos se originam da malícia da corte, que introduz e fomenta a corrupção do povo[76].

Sidney distingue os motivos justos e injustos para os distúrbios civis. Sedições e tumultos ocorrem por motivos justos, sendo justificados pelas leis divinas e humanas, quando o magistrado, encarregado de executar e preservar a lei civil, acaba por subvertê-la. Contrariamen-

---

75 A questão levantada por Sidney não é tanto se uma república deve buscar a expansão ou manutenção de seu território, mas se é melhor constituir uma república para a guerra ou para o comércio. Sidney, A. *Discourses*, II, 22, p. 204-205. Ver Multamaki, Kustaa. *Towards Great Britain: commerce an conquest in the thought of Algernon Sidney and Charles Davenant*. Saarijanui: Academie Scientiarum Fennica, 1999, p. 97-148.

76 *Id.*, *Ibid.*, II, 24, p. 217-219.

te, ocorrem por motivos injustos quando visam à satisfação de interesses privados sem considerar o bem público. Tais motivos injustos raramente têm azo em governos populares, exceto quando o povo está totalmente corrompido. Em contrapartida, são frequentes em monarquias, sobretudo aquelas cujos monarcas não têm outra lei senão seus próprios caprichos:

> Há um tipo de sedição, tumulto e guerra procedente da malícia, que é sempre detestável, visando somente a satisfação de desejos privados, sem considerar o bem público. Isto não acontece num governo popular, a não ser entre o populacho ou quando o corpo do povo está tão corrompido que não consegue se manter, mas isto acontece mais frequentemente nas monarquias absolutas (*Ibid.*, II, 24, p. p. 228).

A segunda maneira de provar a superioridade do governo popular é examinando a frequência e a intensidade das desordens civis. Na opinião de Sidney, as monarquias experimentam tumultos e sedições mais frequentemente por causa das recorrentes disputas pela coroa (disputas tantas que acabam dividindo os súditos em facções), bem como por causa da posterior oposição dos vencidos e preteridos. As monarquias também estão mais sujeitas a intensos conflitos, principalmente quando mulheres, crianças ou loucos assumem o trono. Ao contrário, isto não ocorre nos governos populares, porque a suprema magistratura é concedida aos mais virtuosos, que têm normalmente o respeito de todos[77].

Sidney alega que os tumultos num governo popular têm normalmente como causa sua política de expansão, que visa aumentar o número, a força, o poder e a riqueza do povo. Isto provoca inevitavelmente alguns conflitos, mas com resultados positivos, pois melhora as condições de vida do povo[78]. De qualquer modo, como já havia sustentado

---

77 *Id.*, *Ibid.*, II, 24, p. 248-250.
78 *Id.*, *Ibid.*, II, 26, p. 259-263.

em *Court maxims*, argumenta que, se os tumultos podem causar transtornos ao corpo político, a tirania acarreta sua morte[79].

O pressuposto maquiaveliano de que os conflitos civis são inevitáveis e podem trazer resultados positivos, quando são manifestados de maneira pública por meio institucionais, não foi acolhido pelos defensores do regime republicano estabelecido na Inglaterra[80]. Para Harrington, por exemplo, os conflitos são sempre prejudiciais para a República, não despertam ou alimentam a virtude cívica, e têm sua origem em defeitos dos arranjos institucionais. Por isso, eles podem e devem ser evitados por meio de ordenações que promovam a concórdia entre as partes que compõem o corpo político. Nesse sentido, o legislador deve buscar a unidade e a harmonia por meio de uma constituição que estabeleça o equilíbrio entre os diversos interesses presentes na República. Apesar da admiração de Harrington pela disciplina militar e pelas conquistas de Roma, a experiência desta República é tratada muito mais como ilustração de uma patologia política do que como um exemplo a ser seguido, uma vez que contínuos tumultos prejudicaram a estabilidade e perenidade das instituições romanas[81].

Mesmo Nedham, que recorreu com frequência aos argumentos utilizados por Maquiavel em favor do regime republicano, não adotou o pressuposto da inevitabilidade e positividade dos conflitos. Ao aconselhar o povo a fazer uso de sua liberdade com moderação, para que esta não se transformasse em licenciosidade, ele elencou algumas precauções: escolher bem os magistrados, para que os eleitos sejam os mais eminentes e os mais apaixonados pela liberdade; avaliar apenas o mérito dos candidatos aos cargos públicos e não as possíveis alianças ou afeições pessoais; evitar falsas acusações e calúnias contra as autoridades públicas; não confiar o exercício do poder a alguém que depois não possa ser afastado de seu ofício, entre outras. Porém, a precaução

---

79 *Id.*, *Ibid.*, III, 40, p. 545; *Court maxims*, p. 147.

80 Barros, Alberto R. G. "Maquiavel e o republicanismo inglês". *Cadernos de Ética e Filosofia Política*, n.24, 2014, p. 22-39.

81 Harrington, J. *The Commonwealth of Oceana*, p. 36-38.

mais enfatizada é justamente evitar dissensões e tumultos, que originam facções e conduzem muitas vezes ao confronto armado, colocando em risco a concórdia e a unidade da república[82].

Por aceitar não apenas os argumentos de Maquiavel em favor do regime republicano como também os princípios que os sustentam, Sidney pode ser considerado o autor inglês que mais se aproximou do autor florentino. Para alguns intérpretes, sua obra se move do republicanismo clássico (caracterizado pelas premissas acerca da racionalidade do homem, da relevância das virtudes cívicas e das leis civis para a manutenção da liberdade, conforme podemos observar na primeira e na segunda parte dos *Discourses*), para o republicanismo beligerante de Maquiavel (marcado pelo predomínio das paixões que exigem das repúblicas uma postura de guerra)[83]. Outros sustentam que a partir da metade da segunda parte de sua obra, influenciado pelas ideias do autor florentino, Sidney tenha se distanciado completamente do republicanismo clássico. Prova dessa mudança é que ele expande seus argumentos contra a monarquia absoluta para todo tipo de monarquia, justificando as guerras de expansão territorial como um processo natural decorrente da hostilidade entre os povos; e passa a considerar as consequências saudáveis dos tumultos populares[84].

De fato, a presença de Maquiavel vai se acentuando ao longo dos *Discourses*. Se a primeira parte é marcada pela clara influência do republicanismo clássico, em particular pela influência da matriz romana, o republicanismo maquiaveliano torna-se, posteriormente, a principal

---

82 Nedham, M. *The excellencie of a free State*, IV, p. 107-115

83 Sullivan, Vickie B. *Muted and Manifest English Republicanism: The Reconciliation of Machiavellian Republicanism with Liberalism in Sidney's Discourses Concerning Government, and Trenchard's and Gordon's Cato's Letters*. In: Rahe, P (org.). Machiavelli's Liberal Republican Legacy. Cambridge University Press, 2005, p. 58-86; Wood, Neal. "The value of asocial sociability: contributions of Machiavelli, Sidney and Montesquieu. In: Fleisher, Martin (ed.). *Machiavelli and the Nature of Political Thought*. London: Croom Helm, 1973, p. 282-307.

84 Ward, Lee. "Algernon Sidney and the old republicanism". In: Ward, Lee. *The Politics of Liberty in England and Revolutionary America*. Cambridge: Cambridge University Press, 2004, p. 152-171.

referência na defesa da superioridade das repúblicas sobre as monarquias. Mais especificamente, na defesa das repúblicas que adotaram um governo popular, como Roma, ainda que com seus inevitáveis e intermináveis conflitos. Porém, não há abandono de um republicanismo em favor do outro. Há apenas uma combinação dessas duas matrizes do pensamento republicano, cujo resultado é um republicanismo adaptado à tradição política inglesa[85].

85 Barros, Alberto R. G. "Em defesa da república: Sidney, leitor de Maquiavel". *Revista Crítica Histórica*, n.12, 2015, p. 1-19.

4. LIBERDADE, VIRTUDE E LEI CIVIL

A VIRTUDE É GERALMENTE CARACTERIZADA nos *Discourses* como uma disposição de caráter, prescrita pela razão, que traz diversos benefícios aos homens, principalmente ao proporcionar condições de realização de um dado bem:

> A virtude é o mandamento da razão ou a permanência da luz divina, pela qual os homens são beneficiados e se beneficiam uns com os outros. A religião procede da mesma fonte e trata do mesmo fim; e o bem do gênero humano depende tão inteiramente das duas (virtude e religião) que nenhum povo desfrutou de nada mais desejável que não tenha sido produto delas (*Discourses,* II, 27, p. 266).

O fruto mais importante da virtude, na avaliação de Sidney, é a liberdade, este bem que os homens procuram assegurar quando decidem viver em sociedade e sob um governo civil. Por meio da virtude os homens têm condições de efetivar sua natureza de seres livres. Ao mesmo tempo, a liberdade é considerada condição necessária para o surgimento da virtude: sem liberdade não há como os homens serem virtuosos[1].

Ao tratar da história de Roma, Sidney sublinha esta estreita relação entre virtude e liberdade: "a cidade foi uma fonte perpétua de homens virtuosos enquanto perdurou a liberdade. Mas isto foi rapidamente alterado, quando a virtude foi arrancada de suas raízes e o povo tornou-se vil e sórdido[...] a virtude grega teve o mesmo destino e extinguiu-se com a liberdade" (*Ibid.*, II, 28, p. 273). Em sua avaliação, toda glória, poder e felicidade de Roma foram provenientes de sua liberdade: "eu afirmo que tudo o que era digno de se desejar ou merecedor de elogio e imitação em Roma provinha de sua liberdade, começou e terminou com ela" (*Ibid.*, II, 12, p. 144).

Segundo Sidney, enquanto os romanos estiveram submetidos ao governo monárquico, seus domínios foram estreitos e insignificantes. Mas quando expulsaram os reis etruscos, recuperando a liberdade, eles

---

1 Sidney, A. *Discourses*, II, 18, p. 177; II, 15, p. 161; II, 21, p. 201; II, 28, p. 273.

estenderam seu poder sobre quase todas as nações do mundo; tal poderio expansionista não poderia ser atribuído somente à fortuna (cuja constância seria impossível ao longo de tantos séculos), tendo de ser imputado também à virtude: "a força e a virtude pela qual eles obtiveram tamanho sucesso foi produto deles. Mas se esta virtude e os seus efeitos gloriosos começaram com a liberdade, também terminaram com seu fim" (*Ibid.*, II, 12, p. 146). Do mesmo modo, enquanto os romanos tiveram um regime livre, eles perderam batalhas, mas jamais foram conquistados. Já quando eles perderam sua liberdade, a virtude foi suprimida e, consequentemente, o seu império desmoronou: "quando a liberdade foi perdida, o valor e a virtude foram cortados pela raiz, e o poder dos romanos que provinha daí pereceu" (*Ibid.*, II, 15, p. 161).

Com base no exemplo dos romanos, Sidney pretende enfatizar o vínculo entre virtude e liberdade, que resulta em ordem e estabilidade, bem como o vínculo entre vício e escravidão, que resulta em miséria e infortúnio[2]: "eu sigo a opinião daqueles que pensam que a escravidão produz naturalmente mesquinhez de espírito, com seu pior efeito, a adulação... nada é mais glorioso do que a liberdade, que torna o povo o mais virtuoso do mundo" (*Ibid.*, II, 15, p. 162).

Ao elogiar Maquiavel por ter percebido este vínculo, Sidney sustenta que a virtude é essencial para o estabelecimento e preservação da liberdade. Parafraseando o autor florentino, lembra a dificuldade de um bom governo ser instaurado ante um povo corrompido ou de uma tirania ser introduzida perante um povo virtuoso[3]: "Discursando sobre esses assuntos, Maquiavel pensa que a virtude é tão essencialmente necessária para o estabelecimento e preservação da liberdade que é impossível para um povo corrompido estabelecer um bom governo ou uma tirania ser introduzida se o povo é virtuoso" (*Ibid.*, II, 11, p. 135).

Sidney parece ver na defesa da liberdade a principal manifestação

---

2 Houston, Alan. *Algernon Sidney and the republican heritage in England and America*. Princeton: Princenton University Press, 1991, p. 146-157.

3 Maquiavel, N. *Discursos sobre a Primeira Década de Tito-Lívio*, L. I, cap. 17.

da virtude, como sugere o seu comentário ao relato de Tito Lívio sobre a decisão do senado de Roma de conceder a cidadania romana aos privernates, depois de uma insurreição malsucedida contra o domínio romano. Narra o historiador que diante do questionamento de um senador romano sobre o castigo mais adequado para os privernates, o embaixador de Priverno teria respondido: aquele castigo que merecem os homens que se julgam dignos da liberdade. Logo em seguida, diante da pergunta de um cônsul sobre que tipo de paz os romanos poderiam esperar, este embaixador teria dito que se a paz fosse honrosa, ela seria eterna, mas se fosse desonrosa, não duraria muito tempo[4]. Na sua interpretação, a lição dessa narrativa é de que um povo precisa, mesmo quando derrotado, em nome da liberdade, recusar a servidão, pois a virtude está em defender com dignidade o direito inalienável à liberdade[5].

Ao longo dos *Discourses*, a virtude é geralmente associada ao autocontrole, por demandar o cultivo da disciplina e por frutificar com a temperança e moderação. Ela também está relacionada à participação cívica, no sentido de ser adquirida por meio de ações exemplares em favor do interesse público, como aquelas praticadas no campo de batalha em defesa da nação. Por isso, para despertar a virtude dos cidadãos, seria imprescindível engajá-los em atividades cívicas e despertá-los para o amor à pátria[6].

4.1. Virtude cívica e interesse

O republicanismo clássico atribuía um papel crucial à virtude cívica na efetivação da liberdade. A premissa básica era de que os homens só seriam realmente livres se participassem ativamente da vida pública.

---

4 Tito Lívio. *História de Roma*, VIII, 20-21

5 Sidney, A. *Discourses*, III, 36, p. 520.

6 *Id.*, *Ibid.*. II, 23, p. 209-216.

No exórdio do diálogo *De Re Publica*, por exemplo, Cícero ressaltava a superioridade da vida ativa em contraposição aos que consideravam o prazer ou o ócio do filósofo o bem supremo da existência humana. Aos adeptos do prazer, ele evocava exemplos históricos de cidadãos que devotaram sua existência à República Romana e, por isso, conquistaram a honra e a imortalidade almejadas por todos os seres humanos. Aos partidários do ócio, ele defendia a importância da dedicação ao bem público, que seria a mais perfeita realização da virtude[7].

Cícero sustentava que os bons cidadãos deveriam estar preparados e dispostos para assumir as principais magistraturas, quando necessário, a fim de evitar que os maus as utilizassem em benefício próprio, sendo muitas vezes necessário sacrificar o próprio bem-estar tendo em vista o bem público, pois não haveria nada mais relevante do que nossa pátria[8]. O amor à pátria era considerado, antes de tudo, um dever incondicional de reconhecimento para o lugar do qual recebemos nosso ser por meio da língua, dos costumes, das leis e de tudo o que nos constitui[9].

O republicanismo clássico também via a virtude cívica como um dever moral reconhecido pela razão. Em *De officiis*, por exemplo, ao tratar dos deveres provenientes das inclinações naturais do ser humano, Cícero enfatizava a obrigação moral de preservar a vida em comum[10]. O ser humano teria o dever de adaptar-se à vida em comunidade, conservá-la e protegê-la, pois sua razão lhe diz que só por meio dela ele pode realizar plenamente a sua existência[11]. Por isso, imoral seria tudo aquilo que fosse oposto à natureza social do ser humano, ou seja, toda ação contrária à vida em comum. Nesse sentido, nada poderia ser mais imoral e, portanto, irracional, do que buscar o bem privado em prejuízo do bem comum. Como o bem comum exigiria a virtude cívica, ela se impõe necessariamente como um dever para todos os cidadãos[12].

---

7 Cícero, M. *De Re Publica*, L. I, 1-3.
8 *Id., Ibid.*, L. I, 5-6.
9 *Id., Ibid.*, L. I, 4.
10 Cícero, M. *Dos Deveres*, L. I, 11-12; 20-41.
11 *Id., Ibid.*, L. I, 157-158.
12 *Id., Ibid.*, L. II, 72-77; L. III, 21-22.

Contrariando a crença de que a virtude cívica não seria mais possível no mundo moderno, por causa da diversidade de bens perseguidos pelos indivíduos e da busca incessante pela realização do próprio interesse, Sidney enfatiza a uniformidade da natureza humana; e sustenta que os modernos teriam o mesmo amor à pátria e a mesma dedicação à coisa pública que os espartanos e romanos tiveram, se tivessem motivos para isso e se seus espíritos fossem corretamente cultivados para que encontrassem a satisfação pessoal no engajamento cívico: "nós não precisamos de outra prova disso além daquela que vimos em nosso próprio país, onde poucos anos de boa disciplina, e um justo encorajamento para aqueles que agiram bem, produziu mais exemplos de virtude pura, completa, incorruptível e invencível do que Roma ou Grécia puderam fomentar" (*Discourses,* II, 23, p. 216).

Partindo do pressuposto de que os indivíduos perseguem espontaneamente o que consideram seu interesse, Sidney argumenta que a maneira mais eficaz de torná-los virtuosos é ensiná-los pela educação a perceber seu interesse na realização do interesse público:

> Os homens são valentes e industriosos quando lutam por si mesmos e pelo seu país. Eles mostram a excelência em todas as artes da guerra e da paz, quando são alimentados no exercício das virtudes e aprendem com seus pais e mestres a regozijar-se nas honras alcançadas por eles. Eles amam seu país quando o bem de cada um está compreendido na prosperidade pública e o sucesso de suas realizações é intensificado com o benefício geral (*Ibid.,* II, 28, p. 272).

O termo interesse, originariamente utilizado nas relações comerciais para designar as vantagens e os benefícios obtidos em uma transação monetária, passou a ser também empregado no discurso político nos primórdios da modernidade. Inicialmente, apareceu vinculado ao termo razão de Estado, numa acepção negativa, para indicar a motivação de príncipes inescrupulosos que empregavam procedimentos escusos na efetivação de seus propósitos. Em pouco tempo, passou a designar a condução dos assuntos políticos em geral, tendo em vista o proveito e benefício do Estado[13].

No mais influente opúsculo da época sobre este tema, *De l'interest des princes et estats de la Chrestienté* (1638), Henry de Rohan sustentava que os príncipes comandavam os povos assim como o interesse, que jamais se enganava, comandava os príncipes.[14]. Além do interesse dos príncipes em geral, o opúsculo tratava também do interesse específico de alguns estados da cristandade: Espanha, França, Inglaterra, entre outros. Após analisar o interesse de tais estados e enfatizar que o insucesso deles decorria da negligência em relação ao interesse estatal, o autor concluía que nós não deveríamos nos deixar guiar por desejos desordenados, nem por paixões violentas, tampouco por opiniões supersticiosas, mas tão somente pelo próprio interesse, que deveria ser a norma de nossas ações[15].

A expressão "Interesse da Inglaterra" — cujo o significado passou a designar, desde então, proveito e benefício do próprio Estado — popularizou-se no decorrer das guerras civis, entre 1642 e 1648. Se inicialmente era utilizada para denotar as estratégias do monarca inglês no cenário europeu, a expressão começou a ser também empregada na discussão da política interna, no sentido de distinguir os interesses dos partidos envolvidos no conflito e sua relação com o interesse público[16].

A relação entre interesse público e interesses particulares passou então a ocupar um lugar de destaque no debate político inglês: o interesse público podia ser derivado de interesses privados? A realização de interesses privados podia assegurar a efetivação do interesse comum? Os cidadãos tinham condições de reconhecer o interesse público ou seria uma competência apenas daqueles que exercem o governo?

---

13 Sobre o surgimento da linguagem dos interesses na modernidade, ver Hirschman, A. *As Paixões e os Interesses: argumentos políticos a favor do capitalismo antes de seu triunfo*. Rio de Janeiro: Paz e Terra, 1979. p. 36-64.

14 Rohan, H. *De l'interest des princes et estats de la Chrestienté*, p. 1

15 *Id.*, *Ibid.*, p. 38-39.

16 Gunn, J. A. W. *Politics and the Public Interest in the Seventeenth Century*. London: Routledge & Kegan Paul, 1969, p. 1-17.

Marchamont Nedham, editor do semanário oficial do regime republicano, *Mercurius Politicus*, sustentava que ninguém melhor do que o povo para identificar o verdadeiro interesse público e os meios mais adequados para realizá-lo. O principal argumento do autor era de que o interesse público podia ser reconhecido e definido pelos cidadãos comuns porque tais cidadãos eram capazes de reconhecer seus próprios interesses; e na impossibilidade de reunir todo o povo para deliberar, a decisão sobre o interesse público devia ser tarefa da assembleia de representantes do povo, que refletia o interesse do povo[17].

De acordo com Sidney, os cidadãos moderrnos estariam dispostos a promover o interesse comum por meio de suas ações, se percebessem concretamente que seus interesses estão contidos no interesse público[18]. Em sua avaliação, com uma educação adequada, que modele o caráter dos cidadãos, eles poderiam adquirir o amor pela coisa pública e aprender a avaliar seus interesses de acordo com o interesse comum. Os cidadãos só seriam politicamente apáticos se não fossem despertados para o interesse público ou se fossem encorajados a cuidar apenas de seus assuntos particulares[19]:

> Todos os homens perseguem o que lhes parece ser vantajoso para si mesmo. Mas, alimentados numa boa disciplina, eles veem que todos os benefícios obtidos para seu país pelas ações virtuosas redundam em honra e vantagens para si mesmos, para seus filhos, amigos e parentes. Eles adquirem, então, desde sua infância, um amor pela coisa pública e consideram as preocupações comuns como se fossem as suas. Quando eles aprendem a ser virtuosos e veem que a virtude é respeitada, eles não buscam outras preferências senão aquelas que podem ser obtidas deste modo (*Discourses*, II, 28, p. 274).

---

17 *Mercurius Politicus*, n.16 (19 a 26 de setembro de 1650), n.92 (4 a 11 de março de 1652) e n.94 (18 a 25 de março de 1652).

18 Sidney, A. *Discourses*, II, 28, p. 272-3.

19 *Id., Ibid.* II, 28, p. 273-6.

Assim, a virtude seria menos um dever moral ou um sacrifício do bem privado em benefício do bem comum, como no republicanismo clássico, e muito mais o resultado de um processo pedagógico que leva o cidadão a ver o seu interesse na realização do interesse público. A aposta de Sidney não está na abnegação ou no dever moral, nem na criação de mecanismos institucionais capazes de conciliar a diversidade de interesses privados, muitas vezes divergentes e concorrentes, a fim de extrair desses interesses um interesse comum (como proposto pelo modelo constitucional de James Harrington[20]). Ele aposta antes na formação dos cidadãos de tal modo que eles possam compreender que seus interesses estão vinculados ao interesse público. Assim, ao perceber a presença de seu próprio interesse no interesse público, os cidadãos perseguirão os interesses compatíveis com o interesse público[21].

Não se trata de reduzir a virtude ao interesse, como em alguns autores modernos, mas de harmonizá-los de tal modo que os cidadãos possam satisfazer seus interesses no exercício da virtude[22]. Isto seria mais viável em repúblicas e governos populares, na avaliação de Sidney, porque neles os cidadãos podem decidir como organizar sua vida em comum de maneira a satisfazer seus interesses; e com esta participação os cidadãos tornam-se virtuosos. Ao contrário, a impossibilidade da participação cívica em governos monárquicos e aristocráticos resultaria na desafeição dos cidadãos pela coisa pública e, pior, resultaria na ideia de que o destino da sociedade política depende mais da vontade de quem exerce o governo do que da ação de seus cidadãos[23].

A concepção de Sidney de que a virtude é totalmente compatível com o interesse pode ser entendida como um prolongamento

---

20 Sobre a linguagem dos interesses neste período e a proposta de Harrington, ver Barros, A. R. G. "A Linguagem dos Interesses no Republicanismo Moderno". *Dissertatio*, n. 41, 2015, p. 47-63.

21 Burtt, Shelley. "The Good Citizen´s Psyche: On the Psychology of Civic Virtue". *Polity: The Journal of the Northeastern Political Science Association*, vol. 23, n. 1, 1990, p. 23-38

22 Houston, Alan. *Algernon Sidney and the republican heritage in England and America*. Princeton: Princenton University Press, 1991, p. 158-167.

23 Sidney, A. *Discourses*, II, 21, p. 196-199

do adágio ciceroniano de que o útil é honesto, no sentido de que a utilidade deve necessariamente estar contida na honestidade, pois eles não são apenas inseparáveis, mas idênticos[24]. Esta identidade sustentava-se no seguinte silogismo: o que é honesto é necessariamente bom; o que é bom certamente será útil; logo, tudo o que for honesto é útil. A premissa menor deste silogismo, por sua vez, podia ser provada pelo princípio de inspiração estoica segundo o qual o que é bom moralmente é sempre útil e o que é útil é necessariamente bom moralmente, porque é ditado pela natureza[25].

A função de formar os cidadãos para uma vida virtuosa é atribuída por Sidney ao governo[26]. Isto porque o governo dispõe de meios institucionais para fazer com que o interesse comum seja o motivo da ação dos cidadãos e para tornar a virtude cívica tão viável quanto acessível[27].

4.2. Origem e função das leis civis

Sidney argumenta que as virtudes, fundamentais para o estabelecimento e a manutenção da liberdade, devem ter o seu princípio fixado nas leis civis, porque estas concedem àquelas um suporte mais sólido. Pela sanção que carregam, as leis civis são capazes de impedir o uso irracional e licencioso da liberdade, controlando as paixões e contendo os vícios dos cidadãos, principalmente daqueles que detêm e exercem o poder político: "os homens estão tão sujeitos aos vícios e paixões que eles necessitam de algum controle em qualquer condição, mas, mais especialmente, quando eles estão no poder. O ódio de um homem privado pode ser pernicioso para um ou alguns de seus vizinhos, mas a fúria

24 Cícero, M. *Dos Deveres*, L. III, 11-20.
25 *Id., Ibid.*, L. III, 35-49.
26 Sidney, A. *Discourses*, III, 19, p. 432-434.
27 Hamel, Christopher. *L'Esprit Républicain: Droits naturels et vertu civique chez Algernon Sidney*, p. 73-95 ; 303-329.

de um príncipe sem limites conduziria toda nação à ruína" (*Discourses*, III, 13, p. 390).

Segundo Sidney, os homens têm o direito, do qual não podem se privar, de estabelecer as leis que devem reger sua vida em comum, de acordo com o bem que considerarem o mais adequado para si. Por isso, do mesmo modo que no estabelecimento do governo, as leis civis devem ter sua origem no livre consentimento do povo:

> Se nós não somos obrigados a viver em conformidade com a lei de Moisés, todo povo pode estabelecer as próprias leis e nós não podemos negar este direito que é comum para todos. Nossas leis não foram enviadas do céu, mas feitas pelos nossos ancestrais de acordo com as suas circunstâncias e à luz do que dispunham. Nós herdamos o mesmo direito deles (*Ibid.*, III, 25, p. 464).

As leis civis são geralmente apresentadas, ora como *costumes imemoriais* os quais permanecem válidos por um consenso geral do povo, ora como *normas escritas*, as quais receberam sua força e autoridade de parlamentos ou outras assembleias de representantes do povo. A principal finalidade das leis é assegurar a vida, liberdade e propriedade do povo: "Essas leis são sob Deus a melhor defesa de nossas vidas, liberdades e propriedades; elas procedem não do humor cego, corrupto e flutuante de um homem, mas da deliberação amadurecida de pessoas escolhidas que têm o maior interesse nas coisas da nação" (*Ibid.*, III, 43, p. 558).

A fim de cumprir com sua finalidade, as leis civis devem prever as sanções necessárias para evitar ações prejudiciais ao bem do povo e ter a força suficiente para punir os seus transgressores: "a lei que proíbe injúrias seria inútil se as penalidades não pudessem ser aplicadas sobre aqueles que não a obedecem. Se a injustiça é um mal e as injúrias são proibidas, elas devem ser punidas; e a lei instituída para sua prevenção deve necessariamente visar a reparação para aquelas que não puderam ser evitadas" (*Ibid.*, II, 24, p. 219).

Ao expressar a razão de maneira imparcial, as leis civis podem garantir a necessária equidade na vida social, instruindo os cidadãos em suas relações e os magistrados em suas decisões:

> O bem de um povo deve ser estabelecido sobre um fundamento mais sólido. Por este motivo a lei é estabelecida, para que nenhuma paixão possa perturbar este bem. Ela é vazia de desejo e medo, luxúria e ódio. Ela é *mens sine affectu*, razão escrita, retendo alguma medida da perfeição divina. Ela não preza aquilo que agrada um homem fraco e frágil, mas comanda o que é bom e puni todo o mal, sem considerar o tipo de pessoa, seja rico ou pobre, nobre ou plebeu. Ela é surda, inexorável e inflexível (*Ibid.*, III, 15, p. 400-401).

As leis civis devem estar antes de tudo no fundamento do exercício do poder político, estabelecendo os seus propósitos e limites, para que este poder não seja utilizado de maneira arbitrária ou discricionária, atentando contra a vida, liberdade e propriedade do povo. A presunção de que os magistrados devem agir de maneira correta não é considerada suficiente para a segurança do povo. Quer dizer, tal segurança não deve estar fundamentada na vontade e entendimento incertos de um ou de alguns homens. O único modo de assegurar a vida, liberdade e propriedade do povo é que todos, inclusive os magistrados que exercem o governo, estejam submetidos ao império da lei:

> Mas o magistrado que é instituído para proteger o povo da injúria pode não o fazer; ele algumas vezes torna seu ofício sem propósito, ao negligenciar sua obrigação de fazer a justiça; algumas vezes, prejudicial, ao fazer o contrário. Isto agride o fundamento das ordenanças divinas que devem ser leis; e as ordenanças particulares de todas as sociedades que foram estabelecidas como sendo o melhor para essas sociedades. Ora, o magistrado encontra-se submetido a ambas e está sujeito a ambas, tanto quanto os homens privados (*Ibid.*, II, 24, p. 219).

O princípio do império da lei era considerado na tradição republicana a maneira mais segura de garantir a liberdade. Em seu diálogo *De Legibus*, ao tratar da relação dos magistrados com as leis civis, Cícero defendeu veementemente a supremacia das leis civis sobre as determinações dos magistrados, mesmo sobre o magistrado supremo, pois todos deveriam estar sujeitos às leis civis[28]. Em sua carta a Cluêncio, sustentou que era preciso ser servo da lei para ser livre, como em Roma, onde todos os cidadãos obedeciam às leis com o objetivo de serem livres[29]. Em Roma, a lei protegia os cidadãos das possíveis arbitrariedades dos magistrados civis, garantindo-lhes a igualdade jurídica, sendo dessa maneira constitutiva da liberdade[30].

Vários republicanos ingleses do século XVII defenderam este princípio republicano do império da lei. Por exemplo, em *Pro Populo Anglicano Defensio* (1651), Milton refutou a tese de que o rei seria *legibus solutus*, ou seja, livre das restrições impostas pelas leis humanas, com o direito de fazer o que desejasse, de acordo com sua vontade, sendo responsável apenas perante Deus. Para ele, o verdadeiro magistrado, inclusive o magistrado supremo, não era simplesmente aquele que detinha a autoridade política, mas aquele que a exercia dentro da lei. Só a lei, por ser a expressão da razão, podia garantir o justo exercício da autoridade política[31].

As leis civis deveriam estar acima de todos os magistrados civis, segundo Milton, porque elas estavam no fundamento de toda autoridade política. Elas autorizavam, pela vontade do povo, os magistrados a exercer o poder, estabelecendo o âmbito, a extensão e os limites de tal poder. A consequência de um poder absoluto e ilimitado, sem restrições legais, só poderia ser a instabilidade, marcada pelo recurso indispensável à violência. Já o exercício de um poder dentro da lei resultava na estabilidade e longevidade do corpo político.

---

28 Cícero, M. *De Legibus*, L. III, 1.

29 O mesmo princípio encontra-se, por exemplo, na afirmação de Tito Lívio de que a liberdade reinou entre os romanos depois da expulsão dos reis, porque então as leis passaram a ser mais poderosas do que qualquer homem. Tito Livio. *História de Roma*, L. II, I, 1.

30 Cícero, M. *Pro Cluentio* 53.

31 Milton, J. *Pro Populo Anglicano Defensio*, III, p. 156.

Mantendo o mesmo princípio republicano, Sidney sustenta também que a lei civil não deve apenas regular as relações entre os cidadãos, mas também fixar a extensão e os limites de toda autoridade política: "esses limites são fixados pela lei; a lei está, portanto, acima do rei. As suas ações devem ser regidas pela lei; e não, ao contrário, a lei ser regulada por sua vontade. Além disso, a extensão desses limites só pode ser conhecida pela intenção da lei que a estabeleceu" (*Discourses*, III, 42, p. 556).

Segundo Sidney, numa sociedade civil na qual a vontade do magistrado faz a lei e impõe seu querer de modo arbitrário, não é possível ter a vida, a liberdade ou a propriedade asseguradas. A manutenção da vida, liberdade e propriedade exige que a sociedade civil seja governada pelas leis e não de acordo com os caprichos humanos. Se as leis estabelecidas para proteger os cidadãos puderem ser modificadas pela simples vontade de um magistrado, elas deixam de cumprir com seu propósito de assegurar a vida, liberdade e propriedade dos cidadãos:

> Como a liberdade consiste em não estar sujeito à vontade de um homem e nada denota mais um escravo do que a dependência em relação à vontade de outrem, se não houver outra lei no reino senão a vontade de um príncipe, não haverá liberdade. A propriedade também é um apêndice da liberdade; é impossível para um homem ter direito a terras ou outros bens, se ele não tiver liberdade (*Ibid.*, III, 16, p. 402-403).

Por isso, para Sidney, todas as nações que amaram a liberdade e abominaram a tirania adotaram a máxima de que um poder desprendido das leis é sempre perigoso. Neutralizar o poder político por meio das leis civis foi a maneira que os homens encontraram para manter a condição digna de sua natureza de seres livres[32].

Assim, nenhum magistrado, mesmo o supremo magistrado, pode estar isento da lei civil, cujo âmbito demarca os limites do justo poder:

32 Sidney, A. *Discourses*, III, 40, p. 542-546.

"como nenhum homem pode ser um legítimo rei, exceto pela lei, nem ter um justo poder que não seja pela lei, se este poder foi estabelecido para ser imenso, a lei que o estabeleceu deve ter sido enunciada anteriormente para moderá-lo e controlá-lo" (*Ibid.*, III, 13, p. 387).

A lei civil não delimita apenas o exercício da autoridade política, mas a cria, de tal modo que o poder de qualquer magistrado é o poder da lei: "Bracton diz, no mesmo capítulo, que o poder do rei é o poder da lei; isto é, o rei não tem poder senão pela lei... A lei não pode, portanto, dar tal poder (estar acima da lei); e nenhum rei pode tê-lo" (*Ibid.*, III, 26, p. 469).

Por isso, nada pode ser mais absurdo do que dizer, como sustentava Filmer, que o rei deve ter um poder absoluto, acima das leis, para governar de acordo com sua vontade, a fim de promover o bem e a liberdade do povo[33]. Platão é evocado para enfatizar que seria um equívoco supor que os homens devem confiar um poder ilimitado a um rei, submetendo-se aos seus caprichos[34]. Aristóteles é citado para provar que os reinos onde o poder do rei é absoluto e despótico — cognominados de bárbaros — são apropriados apenas aos povos que não diferem muito das bestas, por não terem qualquer habilidade para governar a si mesmos ou coragem para se defender, resignando-se assim a obedecer a vontade de um senhor[35].

Segundo Sidney, a história também mostrava que em todas as monarquias bem reguladas os reis estiveram submetidos às leis e não podiam alterá-las de acordo com sua vontade. Citando Bracton e Fortescue, ele sustenta que este era o caso da Inglaterra, onde o rei inglês estava obrigado a proceder de acordo com a lei: na administração da justiça, por exemplo, ele não podia fazer o que lhe agradava, mas o que as leis declaravam ser o correto[36]:

---

33 *Id. Ibid.*, III, 21, p. 439-446.
34 *Id.*, *Ibid.* II, 30, p. 288.
35 *Id.*, *Ibid.* III, 23, p. 452-454.
36 *Id.*, *Ibid.* III, 14, p. 393-394.

Isto é o que Bracton chama *esse sub lege* (estar sujeito à lei) e diz que *rex in regno superiores habet Deum et legem* (o rei tem dois superiores no reino: Deus e a lei). Fortescue sustenta que os reis da Inglaterra não podem alterar as leis; e eles estão tão distantes de ter este poder que os juízes prometem não considerar as cartas e os comandos do rei (*Ibid.*, III, 14, p. 393).

Sidney interpreta a famosa afirmação de Bracton — *Potestas regis est potestas legis, potestas juris non injuriae* (o poder do rei é o poder da lei, um poder de direito não é injusto) — no sentido de que é da lei que o rei inglês retira seu poder, ou seja, é pela lei que ele se torna rei; e é para o bem do povo que ele foi entronizado pela lei[37]: "Esta é a doutrina de Bracton, que disse que o poder do rei é o poder da lei, porque a lei faz dele rei, e acrescenta que, se o rei comete uma injustiça, ele deixa de ser rei e degenera-se em tirano, tornando-se o vigário do diabo" (*Ibid.*, III, 15, p. 399)

Ele utiliza ainda a definição de lei que Edward Coke havia retomado de Cícero, segundo a qual a lei é válida quando está em conformidade com a justiça, ou seja, com a retidão e a honestidade. Desse modo, a instauração da justiça, que é a razão de todo governo, não é um simples efeito do ato legislativo, não podendo ser reduzida à formalidade da regra jurídica:

> A lei, sendo como eu disse antes *sanctio recta*, deve estar fundada sobre o princípio eterno da razão e da verdade, de onde a regra da justiça, que é pura e sagrada, deve ser deduzida, e não da vontade depravada do homem, a qual flutua de acordo com seus diferentes interesses, humores e paixões que várias vezes reinam em várias nações, abolindo num dia o que havia sido decretado no outro. Portanto, a sanção que merece o nome de lei, derivada não de sua antiguidade ou da dignidade do legislador, mas de uma intrínseca igualdade e justiça, deve ser estabelecida

37 *Id., Ibid.* III, 9, p. 366-370.

> na perseguição daquela razão universal para a qual todas as nações em todos os tempos devem igual veneração e obediência (*Ibid.*, III, 11, p. 381).

4.3. A prerrogativa de estar acima das leis civis

Neste sentido, as prerrogativas reais defendidas pelos realistas, em particular a prerrogativa de estar acima das leis civis, são consideradas incompatíveis com a liberdade: "nada pode ser mais absurdo do que dizer que um homem deve ter um poder absoluto acima das leis para governar de acordo com sua vontade, para o bem do povo e a preservação de sua liberdade" (*Ibid.*, III, 21, p. 440).

A existência de um poder capaz de atuar na ausência da lei e, algumas vezes, de modo contrário a ela, era justificada pelos realistas em razão da necessidade de assegurar o bem público em situações de emergência. Para eles, além de seu poder ordinário, o rei inglês deveria deter um poder absoluto e arbitrário — materializado nas prerrogativas de que gozava — aplicado em casos de necessidade para o benefício do povo (*salus populi*). Entre as prerrogativas reais, destacava-se: taxar sem autorização do Parlamento, criar novas cortes, perdoar crimes, declarar guerra e paz, reunir e dissolver Parlamentos e, principalmente, criar, vetar ou anular as leis civis[38].

O uso de prerrogativas era aceito e justificado mesmo entre os adversários do poder absoluto e arbitrário do rei. Locke, por exemplo, admitia a necessidade de o poder executivo ter a prerrogativa de agir nos casos de omissão da lei civil ou mesmo, ter a prerrogativa de agir de maneira contrária às determinações de tal lei, conforme as circunstâncias[39].

Em sua descrição da instituição da sociedade civil, Locke afirma

---

38 Houston, Alan. "Republicanism, the politics of necessity, and the rule of law". In: Houston, Alan and Pincus, Steve (eds). *A Nation Transformed. England after the Restoration.* Cambridge: Cambridge University Press, 2001, p. 241-271.

39 Locke, J. *The Second Treatise of Government*, cap. XIV, p. 374-375.

que o primeiro ato do povo, que decide e age por consentimento majoritário, é a instituição do governo. Ao povo é concedido, em confiança, o poder legislativo, poder supremo da sociedade civil, responsável por estabelecer as leis civis e assegurar a justiça. Este poder legislativo deve ser exercido tendo em vista o bem público e a proteção da vida, liberdade e propriedade dos súditos. Por isso, tal poder não pode ser absoluto e arbitrário, agir por decretos discricionários, transferir sua autoridade legislativa, usurpar ou taxar arbitrariamente a propriedade dos súditos[40].

Locke argumenta que, se o poder legislativo não precisa estar continuamente reunido, pois a elaboração das leis exige apenas um curto espaço de tempo, é necessária a existência de um poder permanente que assegure a execução das leis civis. Este poder executor não deve estar nas mesmas mãos que o poder legislativo, já que seria temeroso que o responsável pela elaboração das leis também fosse responsável pela sua execução[41].

Na descrição feita por Locke, após o estabelecimento da sociedade civil e do governo (sucedida pelas respectivas atribuições dos poderes legislativo e executivo a estes atores políticos), a liberdade natural do homem daria lugar à liberdade civil, a qual caracterizar-se-ia por "não estar submetida a nenhum outro poder legislativo senão ao que foi estabelecido na sociedade política mediante consentimento, tampouco [submetida] ao domínio de qualquer vontade ou restrição de qualquer lei a não ser aquela que este poder legislativo promulgar de acordo com a confiança depositada nele" (*The Second Treatise of Government*, cap. IV, p. 283).

A liberdade civil consiste, assim, na ausência de submissão a um poder absoluto e arbitrário, ou seja, é a "liberdade de seguir minha própria vontade em todas as coisas não prescritas pela lei; e de não estar sujeito à vontade inconstante, incerta, desconhecida e arbitrária de outro

---

40 *Id.*, *Ibid.*, cap. XI, p. 355-356.
41 *Id.*, *Ibid.*, cap. XII, p. 364-365.

homem" (*The Second Treatise of Government*, cap. IV, p. 284). Em outros termos, a liberdade civil reside na segurança de viver segundo leis estáveis e comuns para todos. Mas isto não implica na impossibilidade de o governo agir na ausência ou mesmo de modo contrário a lei civil.

Segundo Locke, quando os poderes legislativo e executivo são exercidos separadamente, como nas monarquias moderadas e governos bem constituídos, um poder discricionário deve ser deixado nas mãos daquele que detém o poder executivo, no caso inglês, do rei, permitindo que o monarca esteja acima das leis civis. Os motivos elencados para esta prerrogativa são diversos. Primeiro, porque não há como o legislativo prever todas as circunstâncias e estabelecer leis para todas as situações de forma a antevê-las integralmente. Depois, porque o legislativo nem sempre estará reunido e poderá demorar na efetivação de sua tarefa. Outro motivo é a conveniência de optar-se, em muitos casos, pelo bem público no lugar da execução da lei, cuja observância imediata pode muitas vezes causar danos ao reino. Finalmente, porque é conveniente que o governo tenha o poder de perdoar infratores nos casos em que estes mereçam o perdão ao invés do castigo[42].

O principal argumento é de que, como a finalidade do governo é o bem público, não haveria motivos para que o povo questionasse o uso de prerrogativas por parte do governo, tendo em vista tratarem-se de instrumentos necessários para a realização da lei de natureza em situações especiais. Esse poder discricionário de situar-se acima da lei — muitas vezes agindo contrariamente à lei estabelecida, em circunstâncias caracterizadas pela urgência e necessidade — faz parte da prerrogativa que todo governo deve ter, em particular, aqueles que exercem o poder executivo.

A única questão reconhecida como problemática é a quem cabe julgar o uso correto de prerrogativas por parte do governo. Locke sugere que não há juiz sobre a terra para avaliar esses casos, não havendo outro remédio senão o apelo aos céus. Quer dizer, o único recurso que resta

42 *Id.*, *Ibid.*, cap. XIV, p. 375-376.

ao povo contra um governo que eventualmente possa fazer uso arbitrário das prerrogativas sem visar o bem público, é munir-se com armas e enfrentar tal arbitrariedade[43].

Enquanto Locke admite o uso de prerrogativas por parte do governo (seja em casos de urgência e necessidade, seja para agir no silêncio da lei ou, até mesmo, para agir contra ela), Sidney rejeita qualquer possibilidade de ação do governo fora do âmbito das leis civis: "o rei nunca teve, nem pode ter, qualquer prerrogativa que não seja para o bem do povo e a preservação de suas liberdades. Este é o fundamento do poder do magistrado e a única maneira de discernir se a prerrogativa de fazer as leis e de estar acima das leis, ou qualquer outra que ele possa pretender, pertence ou não a ele" (*Discourses*, III, 21, p. 440).

Sidney argumenta que, mesmo quando a prerrogativa não é exercida pelo governo, ela submete os súditos à possibilidade de uma interferência arbitrária, o que por si só prejudica a liberdade. Para ele, admitir a existência de um poder acima da lei, ou mesmo a sua possibilidade de existência, como no caso da prerrogativa, é aceitar viver na dependência da vontade de quem exerce o governo. E onde há submissão a uma vontade arbitrária, não há liberdade:

> Não temos outro meio de distinguir as nações livres daquelas que não são senão do fato de que as nações livres são governadas pelas suas próprias leis e magistrados, seguindo seu próprio julgamento, enquanto as outras estão sujeitas voluntariamente ou pela força ao poder de um ou mais homens, sendo governadas de acordo com a vontade deles. A mesma distinção pode ser feita em relação às pessoas particulares. É um homem livre aquele que vive como melhor lhe convém, sob as leis decretadas pelo seu consentimento; e o nome de escravo só é atribuído ao homem que nasceu na casa de um senhor, comprado, tomado ou subjugado, submetendo-se à vontade de outrem (*Ibid.*, III, 21, p. 440-441).

---

43 *Id.*, *Ibid.*, cap. XIV, p. 379-380.

Sidney observa que, qualquer forma de sujeição ou a dependência, seja dócil ou cruel, atenta contra a liberdade, sendo totalmente incompatível com a natureza de seres livres:

> É um escravo quem serve o melhor e o mais gentil dos homens do mundo tanto quanto quem serve o pior; e o escravo lhe serve se obedece seus comandos e depende de sua vontade. Por esta razão, o poeta engenhosamente disse, adulando um bom imperador, que a liberdade não era mais desejável do que servir um mestre gentil; mas, mesmo assim, reconhecia que era uma servidão, distinta e contrária à liberdade; e não havia sido um elogio, a menos que o mal da servidão fosse tão extremo que nada além da virtude e bondade do mestre pudesse de algum modo compensá-la ou aliviá-la (*Ibid.*, III, 21, p. 441).

O principal motivo para o estabelecimento das leis civis é evitar interferências arbitrárias, seja de outros indivíduos, seja do governo. Toda interferência arbitrária, por resultar em sujeição e dependência, é considerada incompatível com a finalidade da instituição do governo, que é promover a justiça e garantir a liberdade. Mais do que isso, a simples possibilidade de uma interferência arbitrária ou a incapacidade de prever a ação do governo e dos outros indivíduos representam, ambas, ameaças concretas à liberdade, porque estabelecem a incerteza e a insegurança. Neste sentido, a liberdade não é perdida apenas pela submissão à vontade arbitrária de outrem, mas também pela possibilidade desta submissão, ou seja, pela dependência e vulnerabilidade. A liberdade está ameaçada sempre que houver a possibilidade de intervenções arbitrárias.

4.4. Liberdade e lei civil

A relação entre lei civil e liberdade aparecia de maneira bem diferente na teoria política de outros autores ingleses do século XVII. Por exemplo, ao tratar da liberdade dos súditos, Hobbes compara as leis civis com cadeias artificiais que prendem a boca do soberano aos ouvidos dos súditos:

> Como os homens, tendo em vista conseguir a paz, e através disso sua própria conservação, criaram um homem artificial, ao qual chamamos República, assim também criaram cadeias artificiais, chamadas leis civis, as quais eles mesmos, mediante pactos mútuos, prenderam numa das pontas à boca daquele homem ou assembleia a quem confiaram o poder soberano, e na outra ponta a seus próprios ouvidos (*Leviathan*, cap. XXI, p. 263-264).

Para Hobbes, no momento do pacto de instituição do corpo político, mesmo que os homens tenham agido motivados pelo medo recíproco, eles aceitaram livremente submeter-se de maneira incondicional à vontade do soberano e comprometeram-se mutuamente a assumir a obrigação de obedecer aos comandos do soberano naquilo que diz respeito à paz e à segurança de todos. Ao criar esses laços artificiais, que impõem restrições às ações praticadas na vida civil, eles aceitaram voluntariamente, por conseguinte, livremente que suas ações fossem limitadas pela vontade do soberano, expressa nas leis civis[44].

Hobbes lembra que toda lei é um comando proferido por quem se dirige a alguém já anteriormente obrigado a obedecer-lhe. Desse modo, cumprir o que determina a lei constitui um dever para quem está sujeito a ela. Por isso, a obediência não reside tanto no conteúdo da lei quanto no fato de ela ser expressão da vontade de quem detém autoridade para estabelecê-la[45].

No caso das leis civis, a autoridade é a da pessoa artificialmente criada pelo pacto, que o soberano encarna. Nesse sentido, elas pres-

44 Hobbes, T. *Leviathan*, cap. XXI, p. 265-266.

45 Hobbes, T. *The Elements of Law Natural and Politic*, cap. XXIX, p. 177-180; *Do Cidadão*, cap. XIV, p. 237-241; *Leviathan*, cap. XXVI, p. 311-312.

supõe a obrigação prévia dos súditos em obedecer ao soberano, uma vez que este recebeu autorização para legislar tendo em vista a paz e a segurança de todos Combatendo expressamente a visão dos defensores da *common law* de que o ordenamento legal teria origem nos precedentes jurídicos, nos costumes e nas posições doutrinárias de renomados juristas, Hobbes sustenta que a origem das leis civis reside apenas na vontade do soberano, que estabelece de maneira exclusiva e autônoma o ordenamento jurídico do corpo político[46].

Ao criar as regras do justo e do injusto, do que é permitido ou proibido, as leis civis delimitam o campo de escolha e de ação dos súditos, fixando limites bem precisos à liberdade de cada um deles:

> Porque direito é liberdade, nomeadamente a liberdade que a lei civil nos permite; mas a lei civil é uma obrigação e nos tira a liberdade que a lei de natureza nos deu. A natureza deu a cada homem o direito de se proteger com sua própria força, e o de invadir um vizinho suspeito por prevenção; mas a lei civil tira essa liberdade, em todos os casos em que a proteção da lei pode ser imposta de modo seguro. Nessa medida, lei e direito são tão diferentes como obrigação e liberdade. (*Leviathan*, cap. XXVI, p. 334-335).

Como a lei é associada à obrigação, pois constrange aqueles que estão a ela submetidos, onde há lei, não há liberdade, conclui Hobbes. No caso das leis civis, elas limitam aquela liberdade que, se não fosse restringida, comprometeria a própria conservação do indivíduo. Elas sacrificam parte da liberdade natural, a fim de assegurar e proteger o mesmo espaço de não-interferência para todos os membros do corpo político. Dessa maneira, elas não resultam em liberdade para aqueles que elas constrangem, mas somente para aqueles que são protegidos por elas. Neste sentido, o constrangimento legal proporciona liberdade no polo oposto ao qual ele é exercido.

---

46 Hobbes, T. *Leviathan*, cap. XXVIII, p. 234.

Hobbes ressalta que nada que o soberano ordene ao súdito pode ser considerado injusto, porque o súdito é sempre autor de todos os atos praticados pelo soberano. Isto porque as ações do soberano devem ser necessariamente reconhecidas como as ações dos próprios súditos, visto que ele representa cada um deles. Essa representação é possível graças à autorização dada por cada um ao soberano para agir como considerar necessário para a preservação da paz e da segurança comum[47].

Segundo Hobbes, se as leis civis preveem punição aos seus transgressores, elas não são capazes de evitar as transgressões, mesmo com as sanções previstas. Elas apenas dirigem as ações dos súditos, influenciando em suas deliberações, no sentido da manutenção da paz, conduzindo os súditos à obediência pelo temor das consequências de seu descumprimento[48].

Como não é possível estabelecer regras que regulem todas as ações humanas, a liberdade dos súditos depende inicialmente do silêncio das leis civis, ou seja, ela está em todas as coisas que não estão previstas no ordenamento jurídico estabelecido pela vontade do soberano[49]. Assim, em todos os casos em que o soberano não estabeleceu regras, os súditos têm a liberdade de agir conforme a sua discrição: "É neste sentido que se deve entender liberdade, a saber, como aquela parte do direito de natureza que é reconhecida e deixada aos súditos pelas leis civis" (*Do Cidadão*, cap. XIII, p. 233).

Mas a verdadeira liberdade dos súditos, segundo Hobbes, reside em todas as coisas que eles podem sem injustiça se recusar a fazer, apesar de serem ordenadas pelo soberano. Essas coisas são determinadas por aquilo que os indivíduos não podem transferir no momento do pacto, como o direito de defender sua própria vida. Por isso, o súdito pode desobedecer ao soberano que ordene a ele que se mate, se fira, se mutile ou se abstenha de qualquer coisa sem a qual não poderá viver. O súdito

47 *Id.*, *Ibid.*, cap. XXI, p. 264-265.
48 Hobbes, T. *Do Cidadão*, cap. XIII, p. 232-233.
49 Hobbes T. *Leviathan*, cap XXI, p. 264 e 271.

também não está obrigado a confessar um crime que cometeu, ainda que seja interrogado pelo soberano, porque ninguém pode ser obrigado a recusar-se a si próprio. Esses casos não refletem uma limitação jurídica da obediência devida, mas um limite de fato da obrigação política, sustentado no direito inalienável de autopreservação[50].

Ao ingressar na vida política, os indivíduos ficam sujeitos às deliberações do soberano, que limita suas ações por meio das leis civis, tendo em vista a paz e a segurança de todos. Mas as leis civis, estabelecidas pela vontade do soberano, não são propriamente correntes físicas que prendem fisicamente os súditos, impedindo-os de se mover. Elas atam os súditos às decisões do soberano apenas pela persuasão das sanções que carregam. Não passam, dessa maneira, de cadeias artificiais, que podem ser rompidas[51].

Assim, se liberdade for tomada em seu sentido próprio, isto é, como ausência de impedimentos externos ao movimento, os súditos mantêm sua liberdade, mesmo depois da instituição do poder soberano: "de maneira geral, todos os atos praticados pelos homens numa República, por medo da lei, são ações que seus autores têm a liberdade de não praticar" (*Ibid.*, p. 263). Isto porque, mesmo depois de estabelecido o poder soberano e as leis civis, um importante elemento da liberdade natural permanece com os súditos: "o consentimento de um súdito ao poder soberano está contido nessas palavras, *eu autorizo ou me responsabilizo por todas as suas ações*; essas palavras não contêm nenhuma espécie de restrição à liberdade natural de que ele gozava anteriormente". (*Leviathan*, *Ibid.*, p. 269).

A intenção de Hobbes era, claramente, atacar dois grupos de autores: i) aqueles que não viam incompatibilidade entre estar submetido ao governo de um monarca e viver como súdito livre, desde que a monarquia assumisse uma forma mista ou limitada capaz de garantir as liberdades

50 Hobbes T. *Leviathan*, cap XXI, p. 268-269.

51 Skinner, Q. "Hobbes on the proper signification of liberty". In: *Visions of Politics V.III — Hobbes and Civil Science*. Cambridge: Cambridge University Press, 2002, p. 209-237.

dos súditos; ii) aqueles que defendiam, inspirados nos historiadores e filósofos antigos, que o único meio de preservar a liberdade seria viver num Estado livre no qual cada cidadão desse seu consentimento às leis e no qual as leis estivessem acima de todos, inclusive do soberano[52].

A fim de contestar este segundo grupo de autores, Hobbes sustenta que a liberdade exaltada pelos historiadores e filósofos antigos era a liberdade das Repúblicas e não a liberdade de seus cidadãos. Desse modo, quando os antigos exaltavam a liberdade dos atenienses e dos romanos, eles estavam enfatizando que Atenas e Roma eram livres, isto é, que elas dispunham de plena liberdade para agir de acordo com seus interesses, uma vez que eram cidades independentes. Os antigos, portanto, jamais sustentaram que os cidadãos estavam isentos das leis civis, livres para resistir às determinações do soberano. Ao contrário, eles sempre reconheceram que em todas as Repúblicas deveriam haver leis estabelecidas pelo poder supremo, às quais todos os cidadãos deveriam estar submetidos.

Ao fazer referência às torres da cidade de Lucca, nas quais encontram-se inscrições com a palavra *libertas*, Hobbes argumenta que não se pode inferir que os cidadãos desta cidade possuíam maior liberdade em relação às leis civis do que os súditos do sultão de Constantinopla, porque em todas as formas de governo a liberdade dos súditos é a mesma. Todas as formas de governo, até mesmo a mais absoluta das monarquias, são compatíveis com o exercício da liberdade no seu sentido próprio, isto é, como ausência de impedimentos externos.

Desse modo, Hobbes considera um absurdo tanto exigir a liberdade no sentido da isenção das leis (uma vez que os cidadãos estão necessariamente sujeitos às leis civis em todas as formas de governo), quanto clamar por liberdade no sentido próprio do termo, já que todos os cidadãos, desde que não estejam presos por cadeias ou correntes, gozam de liberdade e podem obedecer ou não às leis civis[53].

---

52 Hobbes, T. *Leviathan,* L. II, cap. XXI, p. 266.

53 Pettit chama a atenção para a visão de Hobbes segundo a qual é o exercício do poder de in-

A confusão entre liberdade das Repúblicas e liberdade dos cidadãos é atribuída à opinião de autores antigos que viveram em democracias. Eles haviam transformado as ordenações de suas cidades em princípios da ciência política, em vez de derivá-las das regras da natureza. Hobbes refere-se explicitamente a Aristóteles, que teria escrito que só na democracia haveria liberdade, baseado na ideia, difundida em sua época, de que os atenienses eram homens livres, enquanto os povos bárbaros que viviam em monarquias eram escravos[54]. O problema para Hobbes é que os autores antigos que defendiam esta associação entre liberdade e democracia eram considerados autoridade em política e seus escritos eram ensinados nas universidades inglesas. As opiniões destes autores influenciavam, assim, os jovens, incitando-os à rebelião, em nome de uma falsa liberdade[55].

No capítulo dedicado aos fatores responsáveis pelo enfraquecimento e dissolução do Estado, Hobbes enfatiza mais uma vez o perigo proveniente da leitura de livros de história e de política destes autores antigos. Ao ensinar que ser livre era participar de maneira ativa dos assuntos públicos, eles difundiam uma ideia errônea de liberdade e encorajavam todo tipo de tumultos e sedições[56].

A crítica a essas ideias de Hobbes veio principalmente dos defensores do regime republicano estabelecido na Inglaterra. No discurso preliminar de sua obra *Commonwealth of Oceana* (1656), James Harrington censura Hobbes por ter afirmado que não havia mais liberdade nas repúblicas do que nas monarquias. O argumento de Harrington é

---

terferência que reduz a liberdade dos súditos e não apenas a existência de tal poder. Por isso, em todas as formas de governo — democracia, aristocracia ou monarquia — a liberdade é reduzida da mesma maneira, ou seja, pelo exercício do poder de interferência. Pettit, Philip. "Liberty and Leviathan". *Politics, Philosophy & Economics*, vol. 4, n. 1, 2005, p. 131-151.

54 Hobbes, T. *The Elements of Law Natural*, cap. XXVII, p. 163-164; Leviathan cap. XXI, p. 266-268.

55 Skinner sustenta que Hobbes desenvolveu sua concepção de liberdade em reação à teoria republicana da liberdade. Contra os republicanos, Hobbes avalia como condição suficiente para ser livre estar livre da interferência de impedimentos externos para agir. Skinner, Q. *Hobbes and Republican Liberty*, p. 1-17.

56 Hobbes, T. *Leviathan*, cap. XXIX, p. 369-370.

de que a afirmação segundo a qual um cidadão de Lucca não tem mais liberdade em relação às leis de sua cidade do que um súdito do sultão em relação às leis de Constantinopla é diferente da afirmação segundo a qual um cidadão de Lucca não tem mais liberdade *em virtude* das leis de sua cidade do que um súdito do sultão *em virtude* das leis de Constantinopla. A primeira proposição significa que nenhum cidadão está livre diante das leis de seu governo, o que se aplica a todos os tipos governo, seja numa república, seja num sultanato, uma vez que todos os súditos estão sujeitos às leis de seu governo. Já a segunda proposição diferencia os dois governos. Segundo Harrington, os cidadãos de Lucca têm sim mais liberdade pelas leis de sua cidade do que os súditos do sultão pelas leis de Constantinopla. O sultão age como um senhor de seus súditos, governando-os de acordo com seu bel-prazer, ao estabelecer as leis do sultanato conforme sua própria vontade. Ao contrário, os magistrados de Lucca governam a cidade respeitando as leis consentidas pelos cidadãos e submetendo-se de maneira incondicional a elas. Os cidadãos de Lucca estão, dessa maneira, sujeitos apenas às leis da cidade, às quais deram seu consentimento, e não a uma vontade arbitrária, o que os torna tais cidadãos mais livres do que os súditos do sultão. Assim, em Lucca há um governo de leis que estabelece e garante a liberdade dos cidadãos, enquanto em Constantinopla há um governo de homens que impõe a servidão[57].

A argumentação de Harrington ressalta, assim, que é necessário considerar a origem das leis civis e não apenas a extensão do campo de escolhas e de ações que elas permitem aos cidadãos. Por mais ampla que seja a esfera de atuação deixada aos cidadãos pelas leis civis, se tais leis dependerem da vontade arbitrária do governante, os cidadãos não serão livres, porque a qualquer momento a liberdade de ação poderá ser reduzida ou suprimida por quem detém o poder político. A liberdade depende da segurança e da certeza de que não haverá interferências no campo de escolhas e ações permitidas pelas leis civis (aplicáveis

57 Harrington, J. *The Commonwealth of Oceana*, p. 20.

igualmente a todos). Mais do que isso, a liberdade requer a certeza de que todos, inclusive os magistrados encarregados de legislar e executar as leis, estarão sujeitos a elas porque estabelecidas mediante o consentimento entre os cidadãos.

Na concepção de Harrington, a liberdade dos cidadãos depende da proteção das leis civis contra a interferência de poderes discricionários, seja de outros cidadãos, seja do governo. Para ele, a liberdade corre risco pela simples existência de poderes arbitrários, que podem interferir no campo de escolhas e de ações dos cidadãos. A possibilidade de relações de senhorio e de dependência, baseadas na arbitrariedade e na incerteza, reduz cidadãos à condição de escravos.

Harrington também censura Hobbes por ter distinguido a liberdade dos cidadãos da liberdade do corpo político, como se uma não dependesse da outra. A sua crítica fundamenta-se no fato de que a liberdade dos súditos não pode ser inversamente proporcional à liberdade do soberano, isto é, os súditos não podem estar sujeitos e submetidos à vontade do soberano. Para Harrington, a liberdade dos cidadãos e a liberdade do corpo político se asseguram mutuamente por meio das leis civis, que expressam a vontade dos membros do corpo político[58].

Sidney mantém a perspectiva de Harrington, seguindo a tradição republicana, de que a liberdade dos cidadãos depende das leis civis. Em sua avalição, o homem só é livre quando vive da maneira que considera conveniente, isto é, quando vive sob as leis com as quais consente, visto que a liberdade civil é a isenção de toda lei humana a qual não foi dado o consentimento[59]. Por isso, a liberdade não pode existir num regime que não seja livre, já que a liberdade do cidadão e a liberdade da nação têm um vínculo intrínseco. Ser livre é viver num Estado livre, isto é, num Estado no qual as relações sociais são reguladas pela lei e no qual ninguém se encontra acima desta.

---

58 *Id.*, *Ibid.*, p. 20-21.

59 Sidney, A. *Discourses*, I, 2, p. 8-9.

Para Sidney, as leis civis são constitutivas da liberdade, menos porque garantem direitos ou expressam a vontade dos cidadãos e mais porque asseguram a igualdade, ao proteger todos os cidadãos igualmente de toda forma de dominação. A questão da liberdade se coloca menos do ponto de vista dos bens de que se efetivamente goza e mais do *status* desse gozo. Há uma diferença de natureza entre gozar de si e de seus bens, de um lado, e dispor livremente deles, de outro. É possível gozar de ambos — de si e de seus bens — sob o controle de um senhor ou mestre que, eventualmente, pode dispor deles quando desejar. Porém, só é possível dispor de ambos livremente se o cidadão estiver livre de toda forma de senhorio ou dominação. Gozar da vida e das coisas que se têm não é ser livre, pois o gozo não é por natureza, mas um fato contingente que não diz nada sobre as condições que o garantem. A liberdade é, ao contrário, caracterizada por um status que garante ao indivíduo a tranquilidade de gozar de sua vida e de seus bens com segurança.

5. LIBERDADE E RESISTÊNCIA POLÍTICA

Se as duas primeiras partes dos *Discourses* enfatizam, num tom teórico, o direito do povo de ordenar sua vida política conforme considerar mais apropriado aos seus propósitos, exaltando a superioridade do governo misto ou popular como a forma de governo mais adequada para a preservação da liberdade, a terceira parte apresenta argumentos, num tom bem mais programático, em defesa do direito de resistência do povo contra práticas arbitrárias do governo[1].

O princípio geral constantemente recapitulado é de que, se todo governo é instituído pelo povo, cabe ao povo avaliar se o governo está cumprindo com a finalidade para a qual foi estabelecido, repreendê-lo quando não cumprir esta finalidade e, até mesmo, se for o caso, destituí-lo[2]. Isto porque seria contraditório pensar que um povo é livre para instituir um governo, mas não para regulá-lo, modificá-lo ou aboli-lo se considerar necessário ou mesmo conveniente[3]:

> Nós dizemos em geral: quem institui pode também abolir, especialmente quando a instituição é estabelecida para quem a institui. Portanto, se a multidão institui [o governo], a multidão pode abolir; e aqueles que a compõem, ou seus sucessores no mesmo direito, são os únicos juízes do desempenho em relação às finalidades da instituição (*Discourses*, I, 6, p. 21).

Desde as primeiras páginas dos *Discourses* os escritos de Calvino e Buchanan são evocados para defender a liberdade do povo de resistir e, se necessário, destituir o governo, quando este não cumprir com seu

---

1 Robbins qualifica os *Discourses* de manual da revolução americana. Robbins, C. "Algernon Sidney's Discourses Concerning Government: Textbook of Revolution". *The William and Mary Quarterly*, vol. 4, n, 3, 1947, p. 267-296.

2 Sidney, A. *Discourses*, I, 6, p. 20-21; I, 18, p. 61; I, 20, p. 70; II, 32, p. 309-310; III, 1, p. 331; III,12, p. 385-386; III, 13, p. 391; III, 25, p. 459-460; III, 27, p. 474-475; III, 39, p. 537.

3 Pocock considera que a principal característica do republicanismo de Sidney está nesta ênfase do poder original do povo de estabelecer o governo, consequentemente, de controlá-lo por meio do parlamento, modificando-o, se necessário, ou até mesmo, abolindo-o. Pocock, J. G. A. "England's Cato: the virtues and fortunes of Algernon Sidney". *The Historical Journal*, v.37, n.4, 1994, p. 915-935.

dever[4]. Se a referência a Calvino parece equivocada, visto que ele jamais defendeu esse direito do povo, citar Buchanan significa querer se alinhar com a defesa mais radical do direito de resistência no interior do pensamento reformado.

5.1. O direito de resistência

A crença na possibilidade de resistir ao governo estabelecido quando este se tornasse tirânico advinha de uma longa tradição no pensamento político inglês. Por exemplo, John de Salisbury, em *Policraticus* (1159), já admitia o direito de resistência ao governo tirânico por parte dos súditos. Com base na diferença entre os verdadeiros príncipes, que respeitavam as leis do reino e as liberdades dos súditos, e os tiranos, que desacatavam as leis e escravizavam os súditos, sustentava que, se o príncipe colocasse em risco o bem-estar material, moral e espiritual do corpo político, desrespeitando as leis do reino, tornar-se-ia um tirano e poderia ser repudiado pelos seus súditos, uma vez que estaria a cometer um crime flagrante contra o corpo político[5].

Segundo Salisbury, a esfera de liberdade conferida ao príncipe não deveria ser diferente daquela permitida aos súditos, ou seja, a autoridade deveria ser exercida dentro do campo delimitado pelas leis do reino. Caso contrário, o príncipe seria declarado um tirano. E, diante de uma tirania manifesta, que violasse a liberdade dos súditos, era dever resistir e, quando não houvesse outra maneira de se opor, atentar contra a vida do tirano[6].

Com a Reforma Protestante, as questões referentes à justificativa, os agentes e os meios legais de resistência política ganharam novos

---

4 Sidney, A. *Discourses*, I, 2, p. 10-11.

5 John of Salisbury. *Policraticus: Of the Frivolities of Courtiers and the Footprints of Philosophers.* (ed. e trad. Cary J. Nederman). Cambridge: Cambridge University Press, 1996, 4.2, p. 30-31; 7.25, p. 176; 8.17, p. 191.

6 *Id., Ibid.*, 6.26, p. 140.

elementos. Os primeiros reformadores recomendavam, em geral, o dever de obediência irrestrita ao magistrado civil. O principal argumento defendido por Lutero e Calvino era de que, tendo sido estabelecida por Deus, a autoridade política representava a vontade divina, que não poderia ser desrespeitada pelos súditos. A única possibilidade de desobediência seria motivada por um comando iníquo que impusesse algo contrário à verdadeira fé cristã. O argumento era de que, se toda autoridade era instituída por Deus, cuja vontade era a única absoluta e incondicional, o exercício de tal autoridade estava necessariamente condicionado aos objetivos estabelecidos pela vontade divina. Por isso, se o magistrado civil ordenasse algo contrário aos preceitos divinos, exercendo sua autoridade em oposição à vontade de Deus, ele se converteria imediatamente num tirano e o súdito estaria liberado de sua obediência, uma vez que, conforme o preceito evangélico, ele deveria obedecer antes a Deus do que aos homens[7]. Mas esta desobediência só poderia ser passiva, uma vez que o recurso à violência, mesmo contra um tirano, era veementemente condenado pelo Evangelho. A punição de magistrados tiranos era uma prerrogativa divina, não cabendo aos súditos executá-la A única atitude possível do cristão diante de uma ordem iníqua, contrária aos preceitos divinos, era a recusa de cumpri-la e a resignação diante das consequências dessa desobediência[8].

Porém, com o aumento das perseguições aos protestantes em várias partes da Europa, luteranos e calvinistas passaram a defender a possibilidade de certa resistência ativa por parte dos súditos[9]. Eles se baseavam numa ambiguidade dos textos dos primeiros reformadores, nos quais era possível vislumbrar a defesa da desobediência às ordens do magistrado civil por meio do uso da força. Esta defesa se fundamentava num princípio do direito privado, consagrado no *Corpus Iuris Civilis*, segun-

---

7 *Atos dos Apóstolos* 5, 29.

8 Lutero, M. *Sobre a autoridade secular*. In: Lutero e Calvino. *Sobre a Autoridade Secular*. São Paulo: Martins Fontes, 1995, p. 4-76. Calvino, J. *Sobre o governo civil*. In: Lutero e Calvino. *Sobre a Autoridade Secular*. São Paulo: Martins Fontes, 1995, p. 77-142.

9 Skinner, Q. *As Fundações do Pensamento Político Moderno*, p. 465-481.

do o qual, em certas circunstâncias, era legítimo repelir com violência uma força injusta. O argumento era de que, se o magistrado procedesse injustamente pela força, causando um dano irreparável aos seus súditos, ele perdia a condição de magistrado e passava a ser uma pessoa comum, infligidora de uma injúria e, portanto, sujeita ao revide[10].

Outro argumento utilizado por luteranos e calvinistas sustentava-se no princípio de que estavam entre as autoridades instituídas por Deus todos os poderes jurisdicionais, inclusive dos magistrados inferiores, cuja função era tanto auxiliar o magistrado supremo quanto vigiá-lo. Se o magistrado supremo agisse de maneira iníqua ou ímpia, os magistrados inferiores poderiam se opor e, se necessário, resistir aos comandos do magistrado supremo pela força da espada, que eles também tinham o direito de utilizar. A obediência absoluta seria, então, devida apenas às autoridades políticas que cumprissem apropriadamente com suas funções.

A defesa da possibilidade de resistência dos súditos aos comandos do magistrado civil ecoou de maneira mais intensa entre os reformadores ingleses e escoceses, que publicaram panfletos com o intuito de encorajar a rebelião contra os governos católicos da rainha inglesa Maria Tudor (1553-58), da regente escocesa Maria de Guise (1546-61) e da rainha escocesa Maria Stuart (1561-67)[11].

John Ponet, por exemplo, propôs em *A Shorte Treatise of Politike Power* a revolta popular e o tiranicídio como forma de restabelecer a verdadeira religião na Inglaterra. Apoiado em vários exemplos do Antigo Testamento, de precedentes eclesiásticos e da história inglesa, ele defendia a deposição e a morte de Maria Tudor, com base no princípio de que era lícito resistir pela força a uma monarca que havia

10 Shoenberger, Cynthia G. "The Development of the Lutheran Theory of Resistance". *The Sixteenth Century Journal*, vol. 8, n. 1, 1977, p. 61-76; "Luther and the Justifiability of Resistance to Legitimate Authority". *Journal of the History of Ideas*, vol. 40, n. 1, 1979, p. 3-20.

11 Uma boa síntese das teorias desenvolvidas por esses exilados encontra-se em Kingdon, Robert M. "Calvinism and resistance theory 1550-1580". In: Burns, J.H. (ed.) *The Cambridge History of Political Thought 1450-1700*. Cambridge: Cambridge University Press, 2004, p. 193-218.

feito o uso indevido da violência contra seus súditos. O seu principal argumento era de que toda autoridade política havia sido instituída por Deus para o benefício do povo. Como a rainha inglesa havia ultrapassado os limites de seu ofício, ao agir de maneira ímpia e iníqua, perseguindo seus súditos, ela havia se tornado uma tirana, uma criminosa comum que devia ser punida. Mas Ponet não apontava o agente com competência legal para puni-la, apesar de fazer referências históricas às instituições criadas para prevenir a tirania e obrigar os governantes a cumprir com suas obrigações, como os éforos espartanos, os tribunos romanos, os membros da dieta imperial e os membros dos parlamentos inglês e francês[12].

Já o panfleto de Christopher Goodman, *How Superior Powers Oght to be Obeyd of their Subjects*, defendia o direito de resistência com base na distinção entre a magistratura, que era sagrada por ter sido estabelecida por Deus, e a pessoa do magistrado, encarregada de cumprir com os deveres da magistratura assumida. O principal argumento empregado era de que, se o magistrado deixasse de desempenhar os deveres de seu ofício, ele não podia mais ser considerado uma autoridade ordenada por Deus. Ao transgredir sua magistratura de modo manifesto, ele perdia sua autoridade e a reverência de seus súditos, que passavam a estar livres para se opor, até mesmo pelo uso da força, às suas ordens iníquas[13].

O panfleto de Knox, *The Appellation to the Nobility and Estates*, ia na mesma direção e sustentava que os nobres escoceses também eram autoridades instituídas por Deus para a proteção do povo e que deveriam, como magistrados inferiores, resistir à tirania da regente Maria

---

12 Ponet, John. *A Shorte Treatise of Politike Power* (1556), disponível em www.eebo.chadwyck.com. Para uma análise dos argumentos apresentados por Ponet, ver Wollman, David H. "The Biblical Justification for Resistance to Authority in Ponet´s and Goodman´s Polemics". *The Sixteenth Century Journal*, vol. 13, n. 4, 1982, p. 29-41.

13 Goodman, Christopher. *How Superior Powers Oght to be Obeyd of their Subjects* (1558), disponível em www.eebo.chadwyck.com. Para uma análise das ideias de Goodman, ver Danner, Dan G. "Christopher Goodman and the English Protestant Tradition of Civil Obedience". *The Sixteenth Century Journal*, vol. 8, n. 3, 1977, p. 60-73.

de Guise[14]. O fundamento de sua defesa era a mesma distinção feita por Goodman entre a magistratura e a pessoa que a exerce: a obediência incondicional era devida apenas ao magistrado que desempenhasse de maneira apropriada o ofício para o qual fora ordenado; caso contrário, quando se mostrasse indigno de seu cargo, negligente para com seus deveres, os magistrados inferiores deveriam se opor às suas ordens e exigir que o magistrado superior cumprisse com suas obrigações[15].

Em suma, os reformadores ingleses e escoceses enfatizavam o argumento de que toda magistratura era ordenada por Deus para a execução de uma determinada função e, quando o magistrado não a cumprisse adequadamente, perdia sua autoridade, sendo lícita a resistência por parte dos magistrados inferiores. Esta defesa da resistência estava baseada na distinção entre pessoas públicas (para as quais a resistência ao magistrado superior era lícita, porque haviam sido também instituídas por Deus) e pessoas privadas (que continuavam submetidas de maneira irrestrita à autoridade estabelecida, ainda que as ordens de tal autoridade fossem ímpias e iníquas). Mais do que um direito, esses reformadores afirmavam que os magistrados inferiores tinham um dever religioso de resistir ao magistrado superior que desrespeitasse seu ofício[16].

A defesa do direito político de resistência também foi feita pelos calvinistas franceses, chamados de huguenotes, durante as guerras de religião na França[17]. Após o massacre de milhares de protestantes na Noite de São Bartolomeu em 24 de agosto de 1572, a reação dos huguenotes foi imediata. Vários panfletos e tratados foram publicados

---

14 Knox, John. *The appellation of John Knox from the cruel and most injust sentence pronounced against him by the false bishops and clergy of Scotland, with his supplication and exhortation to the nobility, estates and commonalty of the same realm* (1558). In: Knox, John. *On Rebellion*. Cambridge: Cambridge University Press, 1999, p. 72-114.

15 Para uma análise das ideias políticas de Knox, ver Gray, John R. "The Political Theory of John Knox". *Church History*, vol. 8, n. 2, 1939, p. 132-147; Reid, W. S. "John Knox's Theology of Political Government". *The Sixteenth Century Journal*, vol. 19, n. 4, 1988, p. 529-540.

16 Solt, Leo F. "Revolutionary Calvinist Parties in England under Elizabeth I and Charles I". *Church History*, vol. 27, n. 3, 1958, p. 234-239.

17 Para uma análise sobre a origem da defesa do direito de resistência política na França, ver Barros, Alberto R. G. "O direito de resistência na França renascentista". *Kriterion*, n. 113, 2006, p. 99-114.

com o objetivo de justificar o direito de resistência armada[18]. Talvez o mais expressivo tenha sido o tratado *Du droit des magistrats* de Théodore de Bèze. Como outros escritos do período, o direito de resistência era justificado com base na origem da autoridade política. De acordo com Bèze, toda autoridade política tinha seu fundamento numa dupla aliança. A primeira estabelecida entre o príncipe e Deus (*foedus*), no momento da cerimônia de sagração, quando o príncipe recebia o poder de Deus com o compromisso de efetivar as leis divinas. A segunda aliança firmada entre o príncipe e o povo (*pactum*), pela qual o povo se comprometia a obedecer ao príncipe, desde que ele cumprisse com suas obrigações e respeitasse os limites de sua autoridade[19].

O príncipe estava assim submetido tanto às leis divinas quanto aos compromissos assumidos diante do povo. Desse modo, todas as vezes que o príncipe ordenasse coisas contrárias às leis divinas ou não cumprisse com as suas obrigações, o povo encontrava-se livre da obediência. Ao renunciar ao encargo de guardião da vontade divina, o príncipe perdia sua condição de autoridade ordenada por Deus e, consequentemente, tornava-se simplesmente uma pessoa privada. Do mesmo modo, ao desrespeitar o compromisso assumido com o povo, o príncipe perdia a fidelidade de seus súditos. Em ambos os casos, liberava os súditos do dever de obediência[20].

A questão era quem podia resistir ao príncipe que não cumprisse com seus compromissos, já que os súditos estavam impedidos de fazer uso de qualquer tipo de violência. No caso do chamado *tirano sem título* (o usurpador), cujo poder se originava apenas da força, Bèze defendia que os magistrados inferiores deviam resistir; e caso eles estivessem impedidos de fazê-lo, qualquer súdito podia fazer uso das armas para restabelecer o respeito às leis divinas. No caso do chamado *tirano em exercício* (o tirano manifesto), que fazia um mal-uso da autoridade lici-

---

18 Armostrong, E. "The political theory of Huguenots". *English Historical Review*, vol. IV, 188, p. 13-40.

19 Bèze, T. *Du droit des magistrats*. Genève: Droz, 1970, p. 30-31.

20 *Id.*, *Ibid.*, p. 44.

tamente recebida, a resistência só podia ser efetuada pelos representantes do povo, que participavam de algum modo da autoridade pública, como os magistrados inferiores ou os membros dos Estados Gerais[21].

A resistência ao tirano revestia-se, então, de um lado, de um gesto teológico, já que o afastamento das determinações de Deus causava um esvaziamento da idoneidade do príncipe e a consequente perda de sua autoridade; de outro, de um gesto político, porque visava recuperar as condições do exercício da autoridade política, estabelecidas no pacto entre o príncipe e o povo[22].

A defesa do direito político de resistência foi ainda mais enfática em *Vindiciae contra tyrannos*, publicado sob o pseudônimo de Stephanus Junius Brutus, logo traduzido para o francês por Bèze, com o título *De la puissance legitime du prince sur le peuple et du peuple sur le prince*[23]. O tratado se apresentava na forma escolástica em torno de quatro questões: se os súditos deviam obedecer às ordens de um príncipe quando elas fossem contrárias às leis divinas; se era lícito e a quem competia resistir a um príncipe que infringisse a lei de Deus ou que arruinasse a Igreja; se era lícito e a quem competia resistir a um príncipe que colocasse em risco a existência do corpo político e até onde se estendia essa resistência; e se os príncipes vizinhos tinham o direito de vir em auxílio dos súditos de outro príncipe, perseguidos por razões religiosas ou por tirania manifesta[24].

A primeira era respondida afirmativamente, com base na premissa já bem consolidada entre os calvinistas de que o exercício da autoridade política estava submetido aos desígnios estabelecidos por Deus. Por isso, diante de qualquer ofensa às leis divinas, os súditos ficavam livres

---

21 *Id.*, *Ibid.*, p. 11-17.

22 Franklin, Julian. *Constitutionalism and Resistance in the Sixteenth Century: Three Treatises by Hotman, Bèze & Mornay*. New York: Pegasus, 1969, p. 11-46.

23 A autoria deste texto é motivo de várias polêmicas. Vários nomes já foram apontados, entre eles os de Bèze e de François Hotman. Os últimos estudos apontam Philippe de Mornay e Hubert Languet como os mais prováveis autores do panfleto. Ratière, M. "Hubert Languet's Authorship of the 'Vindiciae contra tyrannos'". *Il Pensiero Politico*, n. 3, 1981, p. 395-420.

24 Brutus, Stephanus Junius. *Vindiciae contra tyrannos*. Genève: Droz, 1970, p. 7-9.

da obrigação política. As outras questões eram discutidas partindo da premissa da existência de deveres mútuos e recíprocos entre o príncipe e o povo, estabelecidos pelas leis divinas e naturais, consagrados nos usos e costumes das mais diversas nações[25].

Com base então nos mais diversos textos bíblicos, o autor do tratado argumentava que, desde a sagração dos reis de Israel, havia sido estabelecida uma dupla aliança, ainda válida para todos os reinos cristãos ou apenas bem ordenados, eletivos ou hereditários: a primeira, de caráter religioso entre Deus, rei e povo (*foedus*), por meio da qual a multidão reunida se tornava povo de Deus e reconhecia o ungido de Deus para governar[26]; a outra, de caráter político entre rei e povo (*pactum*), por meio da qual o povo prometia obediência, desde que o rei respeitasse as leis divinas[27]. Esta segunda aliança, descrita como um pacto que estabelecia obrigações e deveres mútuos entre as partes, tornava o povo corresponsável pela manutenção do bem público, dando-lhe não somente o direito de resistir ao rei que infringisse as leis divinas, como também o dever de o reprimir caso desrespeitasse seus compromissos.

Mas o autor alertava que a resistência não cabia aos súditos de modo geral. Ele deixava claro que entendia por povo os magistrados legalmente instituídos como seus representantes[28]. Somente os magistrados inferiores podiam exercer a função de guardiões do pacto celebrado entre rei e povo[29].

O direito de resistência política por parte efetivamente dos súditos foi defendido apenas por calvinistas mais radicais. No diálogo *De Iure regni apud scotos*, o historiador escocês George Buchanan justificou a ação direta dos súditos. O diálogo começava com a descrição da vida pré-política como uma condição antissocial, na qual os homens viveriam isolados, sem leis, religião ou qualquer forma de cultura e conforto.

---

25 *Id.*, *Ibid.*, p. 18.
26 *Id.*, *Ibid.*, p. 25-26.
27 *Id.*, *Ibid.*, p. 184-185.
28 *Id.*, *Ibid.*, p. 62.
29 *Id.*, *Ibid.*, p. 51-53.

Conduzidos pela necessidade e desejo de maior segurança, eles teriam decidido reunir-se num único corpo, formando um povo, e teriam instituído, por meio de um pacto, uma autoridade política. O pacto estabeleceu assim o poder político e o concedeu a um monarca, responsável por cuidar dos assuntos públicos. Os membros do corpo político assumiram a condição de súditos, com o compromisso de obediência política sob a condição de que este monarca cumprisse com as obrigações assumidas no pacto[30].

Segundo Buchanan, o povo não havia alienado nem transferido seu poder original no pacto, mas apenas delegado o seu exercício ao monarca. Criado para o benefício do povo, o monarca estava então submetido às leis do corpo político, cujo propósito era impor restrições ao exercício do poder, para que não fosse utilizado de maneira discricionária: "por essa razão, as leis foram feitas pelo povo e os reis limitam-se a utilizá-las, não de acordo com seu próprio julgamento, mas de acordo com o direito que o povo conferiu a eles" (*De Iure regni apud scotos* p. 14).

Se o monarca governasse exclusivamente de acordo com sua vontade, sem se submeter às leis do corpo político, ele tornava-se um tirano. Ao exercer o poder de maneira discricionária, baseado apenas em sua vontade, ele quebrava o pacto firmado com seus súditos, libertando-os da obrigação de obediência. Os súditos podiam então, coletivamente ou individualmente, resistir ao tirano e, se fosse necessário, atentar contra sua vida[31].

O principal argumento de Buchanan era de que, se o povo havia estabelecido o monarca, ele também podia depô-lo, caso considerasse este monarca um tirano. Sobre a objeção de que as *Escrituras*, em particular o apóstolo Paulo, proclamavam a necessidade de se submeter de maneira incondicional às autoridades estabelecidas por Deus, Buchanan fazia uma longa exegese dos textos bíblicos, para demonstrar que

---

30 Buchanan, G. *De Iure regni apud scotos* (1579). In: Buchanan, G. *An Appendix to the History of Scotland*. London: Kessinger Publishing, 1980, p. 8-12.

31 *Id., Ibid.*, p. 70-72.

eles referiam-se apenas a uma época e lugar específicos, não enunciando uma máxima universal[32].

O debate sobre o direito de resistência dos súditos voltou a ocupar um lugar de destaque no cenário político inglês no período das guerras civis. De um lado, os realistas denunciavam a iniquidade de levantar armas contra um monarca legalmente estabelecido e exigiam a punição dos revoltosos; do outro, os defensores da causa parlamentar sustentavam o direito de enfrentar um rei que havia se tornado um tirano ao desrespeitar as leis do reino e as liberdades de seus súditos.

Depois da prisão, julgamento e execução de Carlos I, vários panfletos foram publicados com a intenção de justificar a ação do exército parlamentar. Em *A Tenência de reis e magistrados*, por exemplo, John Milton pretendia provar que o legítimo detentor do poder, que era o povo, tinha o direito de julgar, depor e punir um monarca tirano quando o magistrado responsável não o fizesse ou estivesse impossibilitado de fazê-lo[33]. A premissa assumida era de que o povo, por ser a origem da autoridade do rei, podia "tantas vezes quantas julgar melhor, elegê-lo ou rejeitá-lo, mantê-lo ou o depor mesmo sem ser tirano, unicamente pela liberdade e pelo direito que homens nascidos livres têm de se governar como melhor entenderem" (*A Tenência de reis e magistrados*, p. 4.).

Afastando-se da definição de tirano como aquele que impedia a vivência da verdadeira fé, ao desrespeitar as leis divinas com suas ordens iníquas, presente nos primeiros reformadores, Milton afirmava que "o tirano, quer ascenda à coroa por crime ou direito, é aquele que, ignorando a lei ou o bem comum, reina unicamente para si e sua facção" (*Ibid.*, p. 23). O primeiro aspecto a ser destacado desta definição é que não era mais estabelecida a tradicional diferença entre o tirano sem título, ou seja, o usurpador que se apoderava do poder pela força

---

32 *Id.*, *Ibid.*, p. 53-58.

33 Milton, John. *Tenência de reis e magistrados*. In: Dzelzainis, Martin (org.). *John Milton: Escritos Políticos*. São Paulo: Martins Fontes, 2005, p. 4-67.

e podia ser deposto também pela força por qualquer súdito, e o tirano em exercício, ou seja, o magistrado que assumia o poder de maneira lícita, mas pela prática de atos cruéis o exercia de maneira injusta. Seja qual for o modo pelo qual o magistrado tenha assumido o poder, o que caracteriza a tirania é o desrespeito à lei e ao bem comum, ao exercer a autoridade política em busca de seu próprio interesse.

Milton defendia que um monarca tirano, acusado de cometer crimes contra seus súditos, podia ser levado a julgamento não apenas pelas autoridades estabelecidas, mas também pelo povo; e isto estaria de acordo com o intento de Deus de executar a justiça por medidas ordinárias ou extraordinárias[34]:

> A lei de natureza autoriza qualquer homem a se defender, mesmo do próprio rei. Que nos mostrem então por que a mesma lei não autoriza muito mais o Estado ou o povo inteiro a infligir justiça àquele de quem todo indivíduo privado pode legitimamente se defender, já que toda espécie de justiça infligida é uma defesa para os bons, assim como uma punição aos maus, e a justiça infligida ao tirano nada mais é senão a defesa necessária de toda uma república (*Ibid.*, p. 63)

Milton ainda sustentava que o povo detinha o direito de destituir reis e magistrados, mesmo que eles não fossem tiranos, simplesmente pela liberdade do povo de escolher o governo que considerar mais adequado aos seus propósitos. Enfim, o povo, por ser a origem da autoridade de todo magistrado civil, podia "tantas vezes quantas julgar melhor, elegê-lo ou rejeitá-lo, mantê-lo ou o depor mesmo sem ser tirano, unicamente pela liberdade e pelo direito que homens nascidos livres têm de se governar como melhor entenderem" (*Ibid.*, p. 19).

---

34 Sobre a liberdade e o direito do povo no pensamento político de Milton, ver Barros, Alberto R. G., "Milton e o direito do povo na República", *Cadernos de Ética e Filosofia Política*, n.11, 2007, p. 67-81.

5.2. Locke e o direito de resistência

Com a restauração da monarquia, o debate sobre o direito de resistência voltou a ocupar um lugar de destaque no cenário político inglês, em razão dos inúmeros complôs contra Carlos II no decorrer da chamada crise de exclusão, bem como após a coroação de Jaime II, em 1685, monarca declaradamente católico. O desafio estava em justificar o direito do povo de enfrentar um governo licitamente estabelecido.

Em *The Second Treatise of Government*, Locke defende o direito de resistência do povo com base em três argumentos amplamente utilizados pelos reformadores ingleses e escoceses[35]: o magistrado civil que não cumprir com as obrigações assumidas no momento de sua instituição libera os súditos da obediência política; o magistrado civil que extrapolar os limites legais no exercício de seu poder, prejudicando a coisa pública, perde sua autoridade política e retorna à condição de pessoa privada; ao fazer uso da força sem autoridade, ele fica sujeito, como qualquer pessoa privada, ao revide também pela força.

O último desses argumentos aparece logo no início de seu tratado. Ao descrever o estado de guerra — definido como um estado de inimizade no qual é declarado o uso da força — Locke defende o direito, garantido pela lei natural, de reagir com violência contra uma força injustificável. Tal reação deve ocorrer não apenas nas circunstâncias nas quais não há um juiz comum com autoridade para julgar demandas judicativas, isto é, no estado de natureza onde todos os homens são livres e iguais. A reação à arbitrariedade deve ocorrer também quando houver a possibilidade de um apelo à lei e juízes constituídos, porém, tal apelo estiver comprometido pela perversão da justiça ou adulteração das leis:

> Sempre que se emprega a violência e se faz injustiça, embora pelas mãos escolhidas para administrar justiça, ainda assim se trata de vio-

35 Segundo Thomas, a doutrina do direito de resistência era o que Locke desejava acentuar em sua obra. Thomas, D. A. Lloyd. *Locke on government*. London: Routledge, 1995, p. 57-58.

> lência e dano [...] faz-se a guerra contra os sofredores, que, não tendo para quem apelar na Terra para desagravá-los, ficam abandonados ao único remédio em tais casos — um apelo aos céus" (*The Second Treatise of Government,* cap. III, p. 281-282).

O exemplo citado desse apelo aos céus é a passagem bíblica (Jz 11, 12-33) em que Jetfé, não tendo juiz a quem apelar sobre a Terra, conduziu o exército dos israelitas contra os amonitas, confiando no julgamento divino.

A expressão "apelar aos céus" volta a ser novamente utilizada no capítulo em que é discutida a questão da prerrogativa. O apelo aos céus é considerado o único remédio que o povo ou qualquer indivíduo dispõe contra um governo que tenta escravizá-lo ou destruí-lo, porque, em tais casos, o governo pretende exercer um poder que o povo jamais lhe confiou[36]: "quando o corpo do povo, ou qualquer indivíduo isolado, fica privado do direito que tem ou está submetido a um poder sem direito, contra o qual não exista apelação na Terra, ficam então com a liberdade de apelar para o céu, sempre que julguem a causa de importância suficiente" (*Ibid.,* cap. XIV, p. 379).

Ao tratar da conquista, o recurso do apelo aos céus é mais uma vez admitido. Retomando os argumentos de Grotius, Locke diferencia a conquista por uma guerra injusta, que não dá qualquer direito sobre o conquistado, daquela proveniente de uma guerra justa, que dá ao conquistador o direito despótico sobre todos aqueles que empreenderam a guerra contra ele. No caso da conquista injusta, em que o vencedor não adquire qualquer direito, a resistência é plenamente justificada e pode ser exercida por qualquer um até que seja instaurado um novo governo com base no consentimento: "eles poderão apelar, como o fez Jefté,

---

36 Esta passagem — na qual fica claro que o apelo aos céus pode ser feito pelo povo ou por qualquer indivíduo isolado — é evitada por alguns comentadores, como Jacqueline Steves, para quem a resistência ao governo em Locke advém sempre da parte do povo. Stevens, Jacqueline. "The reasonableness of John Locke´s majority". *Political Theory*, v.24, n.3, 1996, p. 423-463.

para o céu, e repetir o apelo até que tenham recuperado a terra dos seus antepassados e instituído um poder legislativo que a maioria aprove" (*Ibid.*, cap. XVI, p. 385).

No caso de uma conquista justa, como o direito do vencedor é apenas sobre a vida dos que o enfrentaram, e não sobre suas posses nem sobre a vida e os bens dos que não participaram da guerra contra ele, se este conquistador impuser um governo pela força, a resistência também é considerada lícita porque "não tendo nunca o primeiro conquistador qualquer direito a essa terra, o povo que descende dos que foram forçados a se submeterem ao jugo de um governo por constrangimento tem sempre o direito de desembaraçar-se dele e livrar-se da usurpação ou tirania que a espada lhe impôs" (*Ibid.*, cap. XVI, p. 394).

O mesmo direito à resistência é justificado contra o usurpador, ou seja, aquele que se apossa do poder pela força numa espécie de conquista interna e que a tradição denominava de tirano sem título. O usurpador para Locke não adquire qualquer direito, porque ele tomou pela força o direito que era anteriormente de outrem. A razão para a resistência neste e nos demais casos é que nenhum governo pode ter direito à obediência de um povo que não consentiu livremente se submeter aos seus comandos, sobretudo porque ninguém pode estar sujeito ao poder de outrem sem consentimento próprio[37].

Além do conquistador e do usurpador, a resistência também é justificada contra o tirano, definido como aquele que exerce o poder político licitamente adquirido, visando seu próprio interesse. Não é simplesmente a transgressão da lei que caracteriza o tirano, mas o desprezo à lei para a satisfação dos próprios desejos em detrimento do bem público. Os traços que definiam o "tirano em exercício" são então mantidos: o desprezo pelas leis, o uso da violência contra os súditos, a ausência de controles legais no exercício do poder, a execução de sua vontade arbitrária etc.[38] A peculiaridade é que todas as formas de governo são consi-

---

37 Locke, J. *The Second Treatise of Government*, cap. XVII, p. 397-398.

38 Locke não incorpora, assim, o acréscimo feito por Lutero e outros reformadores de que

deradas passíveis de se transformar em tirania, não sendo exclusividade da monarquia: "sempre que o poder que se põe em quaisquer mãos para governo do povo e preservação da propriedade se aplicar para outros fins, e dele se faça uso para empobrecer, perseguir ou subjugar o povo às ordens arbitrárias e irregulares dos que o possuem, torna-se realmente tirania, sejam um ou muitos os que assim o utilizem" (*Ibid.*, cap. XVIII, p. 400).

A tirania não é, portanto, descrita como um regime político específico, uma corrupção da monarquia, mas como a própria negação da vida política; e diante de uma tirania manifesta, seja qual for a forma de governo, a resistência é considerada plenamente justificada:

> Quem quer que em autoridade exceda o poder que lhe foi dado pela lei, e faça uso da força que tem sob as suas ordens para levar a cabo sobre o súdito o que a lei não permite, deixa de ser magistrado e, agindo sem autoridade, pode sofrer oposição como qualquer pessoa que invada pela força o direito de outrem (*Ibid.*, cap. XVIII, p. 400-401).

O mesmo argumento em favor da resistência é enunciado no capítulo que trata da subordinação dos poderes numa sociedade política. Ao discutir a situação em que o poder legislativo não está sempre reunido e o executivo está investido numa única pessoa que também participa do legislativo — claramente o caso inglês — Locke sustenta que se essa pessoa violar a lei, "ela perde o direito à obediência, e nem pode exigir tal direito de outra maneira senão como pessoa pública investida do poder da lei"; e quando ela deixa de representar a comunidade por meio da lei e "passa a agir pela sua própria vontade particular, essa pessoa pública rebaixa-se e torna-se simplesmente pessoa particular isolada, sem qualquer direito à obediência" (*Ibid.*, cap. XIII, p. 368).

---

o tirano era caracterizado principalmente pela ingerência indevida no campo religioso, quando o príncipe extrapolava o âmbito civil e impunha determinações em matérias de fé. *Id.*, *Ibid.*, cap. XVIII, p. 398-399.

Contra a objeção de que o direito de resistência geraria desordem e confusão, subvertendo a ordem pública, Locke responde que o povo só se valeria desse recurso quando as inconveniências causadas pelo governo atingissem a maioria de seus membros, e não apenas alguns indivíduos; depois, a resistência só seria empregada quando o povo estivesse realmente cansado dos constantes abusos por parte do governo e não por pequenos ou eventuais desvios nos negócios públicos; e, além disso, não haveria constantes alterações de governo, porque o povo tem uma natural aversão a mudanças e dificilmente abandona a forma de governo a qual está acostumado[39].

Locke argumenta que, se o direito de resistência deve ser recusado, porque pode causar comoções sociais e guerras civis, também seria necessário negar aos homens honestos o direito de resistir aos ladrões, quando são atacados, porque pode ocorrer derramamento de sangue. Enfim, o uso da força sem o direito, seja de quem for, instaura o estado de guerra e autoriza consequentemente a resistência: "quem quer que use força sem direito, como o faz todo aquele que deixa de lado a lei, coloca-se em estado de guerra com aqueles contra os quais assim a emprega; e nesse estado, cancelam-se todos os vínculos, cessam todos os outros direitos, e qualquer um tem o direito de defender-se e de resistir ao agressor" (*Ibid.*, cap. XIX, p. 419).

Ao criticar William Barclay, que admitia o direito de resistência, mas apenas de forma passiva, com o argumento de que o inferior não pode punir o superior, Locke alega que, se é permitido resistir, deve também ser permitido golpear; e sustenta que o superior, ao fazer uso da força contra o inferior, coloca-se em estado de guerra, que nivela as partes e suprime qualquer relação de reverência ou respeito[40].

O direito à resistência ainda é justificado por Locke em outros casos: por exemplo, se acontecer uma alteração do poder legislativo sem o consentimento do povo; se o poder executivo desprezar ou abandonar o en-

39 *Id.*, *Ibid.*, cap. XVIII, p. 403-404.
40 *Id.*, *Ibid.*, cap. XIX, p. 419-426.

cargo que recebeu; se o executivo ou o legislativo agirem de maneira contrária ao encargo que receberam. Em todos esses casos, o governo pode ser dissolvido, pois se desviou do compromisso assumido na sua instituição; o povo então volta a ter a liberdade de instituir um novo governo, conforme julgar mais conveniente para o próprio bem e conservação[41].

A última questão discutida por Locke é quem pode julgar se o governo age de maneira contrária ao encargo que recebeu, justificando o direito de resistência. A resposta é simples e clara: o povo, porque ninguém melhor do que aquele que institui, para avaliar se o representante está agindo bem e de acordo com o encargo a ele confiado[42].

Embora a argumentação de Locke pareça apenas reproduzir argumentos que já haviam sido utilizados anteriormente, Spitz chama a atenção para a originalidade da concepção lockeana de povo e para o papel da razão individual no julgamento das ações do governo, bem como na decisão de resistir pelo uso da força. Na interpretação de Spitz, o povo não é considerado por Locke um organismo natural pré-existente nem uma entidade jurídica que contrata com seus governantes, como nas teorias políticas precedentes, mas uma comunidade moral, composta de criaturas igualmente racionais, distintas e não hierarquizadas, que convergem no assentimento de princípios idênticos de cooperação e de existência coletiva. O povo também não é visto como uma instância soberana cuja vontade faz a lei, o que inviabilizaria qualquer possibilidade de limitação ao poder político, mas uma coleção de consciências individuais cujo julgamento limita os atos do governo conforme os objetivos para os quais foi estabelecido. Não haveria ainda a ideia de uma soberania popular, mas a concepção de uma supremacia do povo, detentor de um poder constituinte, ao qual o povo faz apelo sempre que considerar necessário[43].

Neste sentido, a resistência em Locke não seria um ato jurídico de uma instância unitária, mas uma coleção de atos simultâneos de razões

---

41 *Id.*, *Ibid.*, cap. XIX, p. 407-408 e p. 412-414.

42 *Id.*, *Ibid.*, cap. XIX, p. 427.

43 Spitz, Jean-Fabien. *John Locke et les fondements de la liberté moderne*. Paris : PUF, 2001, p. 289-330.

individuais justapostas: quando um indivíduo julga, baseado na lei natural, que o governo ultrapassou os limites de seu encargo, ele pode apelar à razão de seus concidadãos; e se um número suficiente concordar com ele e julgar que o governo tornou-se efetivamente tirano, a resistência se efetiva. Afinal, os indivíduos não têm uma obrigação incondicional de obedecer a todos os comandos do governo, pois a lei estabelecida não é necessariamente uma norma incontestável de justiça. O que mede e estabelece a correção das leis civis é sua adequação à lei natural. Somente se as leis civis estão em conformidade com a lei natural é que elas se tornam obrigatórias. Se elas contrariarem a lei natural, os indivíduos, como criaturas racionais, podem desobedecê-las. A razão de cada indivíduo jamais abandona seu direito — que lhe é coexistente e a define — de julgar o justo e o injusto.

De fato, para Locke, a lei natural não desaparece na sociedade política. Ela permanece como critério para a ação do governo. Aliás, o governo foi estabelecido justamente para efetivar a lei de natureza, dando-lhe a necessária sanção: "as obrigações da lei da natureza não cessam na sociedade, mas em muitos casos se tornam mais rigorosas, e por leis humanas se lhe anexam penalidades conhecidas, destinadas a forçar-lhes a observância. Assim a lei da natureza fica de pé como lei eterna para todos os homens, tanto legisladores como quaisquer outros" (*Ibid.*, XI, p. 357-358).

5.3. Sidney e a liberdade de resistir

Sidney também reconhece que, embora cada indivíduo deva estar submetido aos comandos do magistrado civil, desde que esses comandos estejam de acordo com a lei estabelecida, o povo tem o direito de resistir ao governo estabelecido, quando este não cumprir com seu dever[44]. Isto porque as magistraturas são criadas pelo povo, que lhes

44 Nelson, Scott A. *The Discourses of Algernon Sidney*, p. 122-126.

dá a forma e o poder que ele considera adequados: "O governo e os magistrados que o exercem são criados pelos homens. Os homens que os estabeleceram têm o direito de regulá-los, limitá-los e direcioná-los como melhor lhes convêm" (*Discourses*, I, 11, p. 32).

O seu principal argumento e de que se o povo detém o direito de escolher a forma de governo que lhe convém, deve deter também o direito de avaliar, julgar e destituir o governo que não estiver cumprindo com a finalidade para o qual foi instituído[45]:

> O cria as magistraturas e lhes dá o título, a forma e o poder que considerar adequados; e só ele sabe se a finalidade para a qual elas foram criadas está sendo alcançada ou não. Só o povo, que dá o poder ao magistrado, pode julgar se este está sendo empregado para seu bem-estar ou utilizado para sua ruína (*Ibid.*, III, 41, p. 549-550).

Ao tratar das sedições por motivos justos, Sidney defende o direito de resistência com o argumento de que se toda magistratura é criada pelo povo e para o bem do povo, o povo é o agente mais qualificado para avaliar se o seu exercício está de acordo com a finalidade para a qual ela foi instituída[46]. O mesmo argumento reaparece na parte final de seu tratado. Autores como Filmer, que julgavam que o povo, ao criar magistrados e nomeá-los soberanos, abandonaria sua liberdade natural, uma vez que ela seria inconsistente com as honras e títulos de soberanos, são severamente criticados:

> Nada pode ser mais absurdo do que dizer que um homem tem poder absoluto, acima da lei, para governar conforme sua vontade, para o bem do povo e a preservação de sua liberdade. Porque nenhuma liberdade pode subsistir onde há tal poder; e nós não temos outro meio de

45 Worden, Blair. "The Commonwealth Kidney of Algernon Sidney". *The Journal of British Studies*, vol. 24, n. 1, 1985, p. 1-40.

46 Sidney, A. *Discourses*, II, 24, p. 217-251.

distinguir as nações livres daquelas que não são, senão que as nações livres são governadas pelas suas próprias leis e magistrados conforme sua determinação, e as outras se submeteram ou voluntariamente ou pela força ao poder de um homem ou de alguns homens, para serem governadas de acordo com a vontade desses homens (*Ibid*., III, 21, p. 440).

Sidney também critica Hobbes por ter afirmado que a sociedade política é estabelecida pela alienação total do direito natural dos indivíduos em favor do soberano, cuja vontade não estaria sujeita às leis civis, o que daria ao soberano a plena liberdade de agir como considerar mais adequado. Em sua perspectiva, não há esta alienação, tampouco a submissão incondicional à vontade do soberano. Tratava-se de um falso princípio que desconsiderava que o povo confere ao magistrado civil apenas uma parte de seu poder, permanecendo com a maior parte[47].

Além disso, seguindo os princípios dos reformadores mais radicais, alega que as honras e títulos são concedidos pelo povo apenas aos magistrados que cumprem com seu ofício[48]. Se a extensão do poder de todo magistrado deve estar de acordo com o propósito de sua instituição, que é o de estabelecer a justiça, a obrigação de obedecer aos comandos de um magistrado depende do caráter justo deste comando[49].

Sidney defende que só podem ser consideradas propriamente leis, devendo ser respeitadas pelo povo, os comandos do magistrado que expressam a justiça. Na sua concepção, ninguém está obrigado a respeitar leis injustas que contrariem a razão[50]. Para ser obedecida, a lei tem de estar fundamentada no princípio da razão universal, que todas as nações em todos os tempos têm igual veneração, e não na vontade arbitrária dos homens, que flutua de acordo com seus humores, interesses e paixões. Apenas o poder diretivo da lei, sustentado em sua inerente

---

47 *Id., Ibid.*, III, 17, p. 409.
48 *Id., Ibid.*, III, 34, p. 514-516.
49 *Id., Ibid.*, III, 12, p. 383-386.
50 *Id., Ibid* III, 20, p. 436-439.

retidão e justiça, obriga o cumprimento da lei; o poder coercitivo, com sua força de dissuasão, tem um caráter meramente contingente. Desse modo, é possível dizer que para Sidney o que faz a lei não é a excelência de sua antiguidade nem a dignidade de seu legislador, mas a sua intrínseca equidade e justiça[51].

A resistência aos comandos injustos de um magistrado é considerada a forma que o povo tem de reafirmar que a finalidade da obediência ao governo é a liberdade, este bem comum que a lei civil deve preservar. Toda promessa de obediência política deve estar vinculada ao respeito daquela lei que está de acordo com seu objetivo, que é promover e assegurar a liberdade. Por isso, a lei civil não pode ser considerada um comando inquestionável, quando compromete de maneira direta, por estar corrompida, ou de maneira indireta, por ser imperfeita, a liberdade do povo[52].

Se não é completamente desenvolvida a tese do poder constituinte do povo, fica subentendido que este poder reside no povo: "a autoridade, direito e poder (de todo governo) deve ser regulada pelo julgamento, direito e poder daqueles que o instituíram, sem qualquer relação com o nome que lhe é dado" (*Ibid.*, III, 12, p. 385-386).

O problema está em justificar um direito que pode provocar desordens civis. Sidney avalia que toda revolta popular é plenamente justificada quando o governo viola a justiça e a via jurídica não pode ser empregada contra ele. Além disso, muitas vezes a via jurídica é ineficaz, principalmente contra governos tirânicos que utilizam da força para impor sua vontade arbitrária. Neste caso, quando as vias jurídicas não são capazes de conter a arbitrariedade, é conveniente ter outros meios[53]: "todas as disputas sobre o direito se resolvem naturalmente pela força quando a justiça é negada" (*Ibid.*, III, 36, p. 524).

As leis civis jamais apagam, com suas determinações, a lei natural.

---

51 *Id., Ibid.*, III, 11, p. 380-383.

52 *Id., Ibid.*, III, 4, p. 339-341.

53 Hamel, Christopher. *L'Esprit Républicain: Droits naturels et vertu civique chez Algernon Sidney*, p. 440-452.

Para Sidney, as leis civis são apenas um meio para que a lei natural, que expressa a justiça, seja respeitada na sociedade política. Desse modo, se as leis civis estiverem corrompidas pela prática arbitrária de algum magistrado, a lei natural permite ao povo contestá-las; e como a via jurídica não tem efeito contra aqueles que a lei civil não é capaz de constranger, como é o caso do governo, é lícito recorrer à força[54].

Sidney distingue então três casos em que é possível licitamente fazer apelo a procedimentos extrajurídicos[55]. Primeiro, quando um homem se apodera do governo e pretende exercê-lo sem ter sido designado para isso, que era o caso do "tirano sem título". Ao obter o poder político por meios ilegais e injustos, este usurpador subverte todas as leis divinas e humanas; e todo cidadão pode empunhar armas, tornando-se um verdadeiro soldado, para combater este inimigo público[56].

O segundo caso é quando o magistrado obtém sua magistratura licitamente, mas continua a exercê-la depois de terminado seu mandato. Neste caso, segundo Sidney, ele não exerce mais o poder que lhe foi confiado, segundo as condições previstas pela lei; e passa então a estar na mesma situação do tirano sem título. A resistência armada torna-se, assim, justificada, visto que, como no primeiro caso, ocorre uma usurpação[57].

O terceiro caso é quando o magistrado possui um mandato legal e o exerce no período previsto, mas faz uso do poder que lhe foi delegado de uma maneira que a lei não prevê. Este magistrado também deve ser considerado um tirano, pois deixou de fazer o que a lei prescreve para o bem do povo. Como nos outros casos, a resistência armada é justificada, já que este magistrado tornou-se um tirano, que não pode ser protegido pela lei que ele mesmo subverteu[58].

Se o tiranicídio é plenamente justificado, o mesmo não ocorre com

54 Sidney, A. *Discourses*, II, 24, p. 219-220.

55 Scott, J. *Algernon Sidney and the Restoration crisis, 1677-1683*, p. 229-264; Lurbe, Pierre. "Le républicanisme belliciste d´Algernon Sidney". *Cercles*, n.11, 2004, p. 32-44.

56 Sidney, A. *Discourses*, II, 24, p. 220-221.

57 *Id.*, *Ibid.*, II, 24, p. 221-222.

58 *Id.*, *Ibid.*, II, 24, p. 222-224.

o regicídio. Sidney considera lícito julgar e depor um rei que não cumpre com seu dever, mas jamais executá-lo. Em sua perspectiva, se o rei exerce o poder dentro da lei, como os primeiros reis de Roma e os antigos reis ingleses[59], mas sem efetivar a finalidade para a qual foi instituído, que é o bem do povo, ele pode ser licitamente deposto. Não pode, contudo, ser executado. Só se passar a exercer um poder absoluto, arbitrário e discricionário, desrespeitando as leis divinas, naturais e humanas, ou seja, tornando-se um tirano. Isto porque há uma lei estabelecida entre as nações, segundo a qual todo homem tem o direito de executar um tirano, por se tratar de um inimigo declarado da humanidade[60].

Sidney analisa então as passagens do Evangelho (Rom 13, 1-2; 1Pe 2, 13-14) que eram normalmente utilizadas pelos realistas para condenar o direito de resistência e sustentar o dever incondicional de obediência dos súditos à autoridade política licitamente estabelecida. Praticamente com os mesmos argumentos dos huguenotes, Sidney sustenta que a prescrição de Paulo sobre a obediência aos magistrados instituídos aplicava-se aos bons magistrados, isto é, os verdadeiros ministros de Deus, e não aos maus governantes, que desrespeitavam as leis divinas e naturais[61].

A distinção entre o bom e o mau magistrado pode ser feita, segundo Sidney, por meio da avaliação de suas ações. O bom magistrado busca o bem do povo do qual se encarregou de cuidar; e por saber que este bem consiste principalmente na justiça e na virtude, procura estabelecer e propagar ambas. Ao contrário, o mau magistrado pensa que o povo existe para sua glória e seu prazer. Ao buscar efetivar apenas seu próprio interesse, negligencia o bem público para o qual foi instituído. Enfim, se o bom magistrado assegura o fortalecimento, a grandeza e a felicidade da nação, o mau magistrado a corrompe e a divide em partidos, fazendo com que ela seja presa fácil para seus inimigos[62].

---

59 *Id., Ibid.*, II, 15, p. 157; III, 25, p. 458.
60 *Id., Ibid.*, II, 27, p. 263-267.
61 *Id., Ibid.*, III, 10, p. 370-380.
62 *Id., Ibid.*, III, 19, p. 431-435.

A questão a ser enfrentada, como em Locke, é saber quem pode ser o juiz em casos de transgressão no exercício da magistratura. No caso do magistrado supremo, como não há um juiz previamente estabelecido, Sidney admite que o julgamento jamais será imparcial. Em sua avaliação, se o governo foi criado pelo povo, e para o bem do povo, aquele que exerce o governo não pode ser juiz a respeito do uso de seu próprio poder. Caberia então ao povo o julgamento de casos de transgressão por parte do governo[63].

Uma das objeções comumente feita pelos realistas ao direito de resistência era de que o povo, ao dar seu consentimento voluntário à autoridade política estabelecida, não poderia questionar posteriormente a forma de exercício de tal autoridade. A resposta encontrada em geral entre os opositores à coroa era de que o poder confiado ao governo estaria limitado aos fins para os quais foi instituído; e este poder só poderia ser exercido licitamente sob determinadas condições. Caso o magistrado exercesse tal poder abusivamente, desrespeitando os limites e condições estabelecidas, o povo estaria, então, liberado de seu dever de obediência.

Sidney mantém a concepção de que o consentimento é o fundamento de todo justo poder político[64]; e afirma também que um poder não consentido está desprovido de todo direito, reduzindo-se ao exercício da força[65]. Porém, este ato de consentimento é analisado à luz de sua noção de liberdade. A questão não é somente saber se houve consentimento, mas também considerar as condições nas quais o consentimento foi dado. Em sua perspectiva, o ato de consentimento não pode ser avaliado independentemente das condições nas quais foi efetivado. A noção segundo a qual o consentimento é o critério que torna lícito um acordo deve necessariamente especificar a natureza das condições nas quais este acordo foi realizado. Desse modo, o consentimento para

---

63 *Id.*, *Ibid.*, II, 24, p. 225-227.
64 *Id.*, *Ibid.*, I, 10, p. 30-31.
65 *Id.*, *Ibid.*, III ,31, p. 507.

o estabelecimento do governo só é autenticamente livre, se as condições nas quais ele foi dado não estiverem estruturadas por uma relação de dominação que possa inibir a oposição ou gerar constrangimento[66].

Uma segunda objeção ao direito de resistência consistia em descrevê-lo como uma rebelião ilícita, um ato de guerra contra o governo licitamente estabelecido. Os defensores do direito de resistência argumentavam que se tratava de uma rebelião lícita; e o povo podia recorrer a ela sempre que o governo violasse sua promessa de respeitar as leis divinas e humanas.

Sidney, por sua vez, enfatiza a diferença que existe entre revolta e rebelião, considerando inadequado chamar de rebelião a revolta geral de um povo. Em sua avaliação, a assimilação entre revolta e rebelião estava sustentada em dois equívocos. O primeiro era tomar os dois termos como sinônimos. Em sua análise etimológica, a palavra rebelião seria derivada do termo latino *rebellare*, que significa recomeçar uma guerra. Ela era normalmente utilizada na Roma antiga, quando uma cidade ou província, que havia sido subjugada pelos romanos, rompia o acordo de paz firmado e retomava a guerra. Desse modo, chamar a revolta do povo de rebelião significaria supor que teria havido uma guerra entre povo e governo; e que o governo teria sido estabelecido depois de sua vitória sobre o povo. Ora, isto não correspondia à verdade, pois todo governo era instituído por um consentimento do povo, que lhe atribuía o encargo de cuidar do bem público. Assim, do mesmo modo que a palavra rebelião nunca fora aplicada pelos romanos na revolta contra os decênviros ou outros magistrados que não cumpriram com seu dever, ela não podia ser utilizada para caracterizar a revolta do povo contra o governo[67].

O segundo equívoco consistia em representar o povo como inferior ao governo, sendo a rebelião uma forma de insubordinação. Ora, isto também não era verdadeiro porque todos os magistrados são criados

66 *Id.*, *Ibid.*, II, 6, p. 108-110.
67 *Id.*, *Ibid.*, III, 36, p. 519-522.

pela vontade popular e só existem por causa dela ou para servi-la. Desse modo, era clara a superioridade do povo em relação ao governo. Esta superioridade intrínseca autorizava a concluir que não poderia haver algo como uma rebelião contra o governo[68].

Assim, numa sociedade civil bem estabelecida, o povo jamais pode ser considerado sedicioso, porque a sedição implica numa oposição injusta a um poder que foi licitamente estabelecido. Ora, ao estabelecer o governo, o povo determina o uso e a extensão do poder político, de acordo com o propósito para o qual ele foi instituído. Por isso, a oposição do povo a um governo que se desvia de sua finalidade não pode ser considerada sedição: o povo tem sempre o direito de destituir o governo quando julgar que ele não está cumprindo com a finalidade para a qual foi estabelecido[69].

Outra objeção feita ao direito de resistência, enfatizada pelos realistas, era de que este direito colocava em risco a paz. Com base no princípio de que não pode haver paz se não houver justiça, Sidney denuncia o equívoco de atribuir ao poder absoluto do rei a solução dos conflitos sociais. Em sua concepção, a liberdade jamais pode ser sacrificada em nome da paz: uma vida pacífica sem liberdade reflete uma deplorável condição de servidão; e só a presença da liberdade torna a paz desfrutável. Isto porque ser livre é a condição para que qualquer objeto de desejo humano possa ser realmente desfrutado e tenha valor. Desse modo, é impossível abrir mão da liberdade a fim de usufruir de outros bens, porque o gozo desses bens pressupõe, necessariamente, a liberdade. A ameaça à liberdade do povo é, portanto, critério suficiente para se iniciar de maneira lícita uma revolta, mesmo que isto coloque em risco a paz[70].

Sidney não deixa de reconhecer os inconvenientes das revoltas por parte do povo, mas adverte que nenhuma condição humana é perfeita,

---

68 *Id.*, *Ibid.*, III, 36, p. 522-524.
69 *Id.*, *Ibid.*, III, 6, p. 349-350.
70 *Id.*, *Ibid.*, III, 16, p. 402-403

sendo necessário escolher muitas vezes o menor dos males. Para ele, arriscar a vida em nome da liberdade é uma opção mais segura do que aceitar passivamente a servidão. Isto porque aquele que se submete ao tirano passivamente mantém-se na servidão e conhece inevitavelmente a morte, enquanto aquele que resiste pode perder a vida, mas pode também recuperar sua liberdade[71].

Do ponto de vista moral, a resistência é uma forma de reabilitar a dignidade humana diante da condição indigna que caracteriza a servidão. Desse modo, o direito de resistência ao governo tirânico torna-se um dever do ser humano. A resistência política não é considerada uma opção entre outras, mas uma obrigação moral que se impõe ao homem. Em outros termos, é a consciência da própria dignidade que gera no homem o dever de resistir, para que ele possa viver de acordo com sua natureza de ser livre.

71 *Id., Ibid.*, III, 40, p. 544-545

CONSIDERAÇÕES FINAIS

A LIBERDADE É, PORTANTO, UM CONCEITO fundamental para a compreensão do pensamento político de Sidney, uma categoria central com base na qual são tratados os principais temas de sua reflexão política: lei natural, direito natural, governo civil, virtude cívica, lei civil, direito político de resistência, entre outros. Se o republicanismo inglês pode ser considerado, dentre as matrizes do pensamento republicano, aquela que mais enfatiza a liberdade, a obra de Sidney é a expressão mais veemente desta ênfase[1].

Como foi observado, contrariando a doutrina patriarcal sustentada por Filmer, Sidney considera a liberdade um direito natural, que só pode ser limitado pelo próprio consentimento. Sendo a liberdade um direito comum a todos, a igualdade também é considerada uma característica da natureza humana; e entre iguais por natureza não pode haver precedência de uns em relação aos outros. Dessa maneira, Sidney rejeita a hipótese filmeriana de uma hierarquia natural entre os homens e, consequentemente, de um dever natural de obediência ou de sujeição.

Em concordância com Locke, Sidney adverte que a liberdade natural não implica em licenciosidade, uma vez que ela deve ser exercida segundo a lei natural, ou seja, de acordo com a natureza racional do ser humano. Esta lei natural é descrita como a luz da razão concedida aos

1 Barros, Alberto R. G. "A Matriz Inglesa". In: Bignotto, Newton. *Matrizes do Republicanismo*. Belo Horizonte: Editora UFMG, 2013, p. 127-174.

homens para a distinção entre o bem e o mal, uma espécie de guia de acesso às verdades morais com base na qual a conduta deve ser dirigida. Mas ela não é considerada uma norma moral obrigatória, que fixa deveres e fundamenta direitos naturais, tendo de ser obedecida incondicionalmente. Os homens permanecem livres para decidir se seguem ou não a lei natural, visto que eles foram criados para a liberdade. Eles são sempre livres para perseguir o que bem que lhes convêm; e o gozo deste bem só tem sentido enquanto tiver sido livremente escolhido por eles.

Diferentemente de Hobbes, a liberdade não é definida pela ausência de oposição, isto é, de impedimentos ao movimento de um corpo, sendo determinada pelo espaço de ação no qual o indivíduo não se depara com obstáculos postos por outros agentes. Ela é frequentemente caracterizada pela ausência de dominação, no sentido de independência em relação à vontade arbitrária de outrem. O ser humano não é considerado livre simplesmente porque não encontra interferências que impeçam a realização daquilo que deseja e é capaz de fazer. É necessária a proteção contra qualquer possibilidade de intervenção arbitrária que possa resultar em submissão ou dependência. Para ser realmente livre é preciso não estar sujeito, dependente ou mesmo vulnerável em relação à vontade arbitrária de outrem.

A fim de assegurar a liberdade, entendida como ausência de dominação, Sidney reconhece a necessidade da instituição do governo civil. A razão esclarece aos homens que eles precisam restringir mutuamente parte da liberdade natural para alcançar um bem maior que é desfrutar da liberdade civil com segurança, de acordo com regras estabelecidas em comum, às quais todos devem se submeter. Não há, nos *Discourses*, a descrição de um estado de natureza nem de um pacto ou contrato social entre os indivíduos para a formação da sociedade política e posterior estabelecimento do governo, mas apenas a alegação de que o ato de união dos homens num corpo político se dá por um mútuo acordo de limitar igualmente parte da liberdade, tendo em vista a preservação dessa liberdade. Não há, também, a alienação total da liberdade natural num pacto de submissão ou de sujeição política no momento da instituição do corpo político, mas somente o reconhecimento de que é necessário instituir uma autoridade política capaz de assegurar a todos a mesma liberdade.

Na origem da autoridade política encontra-se então a deliberação de homens naturalmente livres que desejam continuar a viver em liberdade. Diferentemente de Hobbes e de Locke, a forma de governo avaliada como a mais apropriada para assegurar a liberdade é o governo misto, também denominado de governo popular, caracterizado pela concessão do poder político a magistrados eleitos pelo povo, que mantém e exerce sua supremacia na escolha de seus representantes. Por depender da ação de seus cidadãos, o governo misto ou popular é considerado o único capaz de engajá-los no cuidado e proteção da coisa pública, promovendo a virtude cívica, fundamental para a preservação da liberdade.

Na avaliação de Sidney, o fruto mais importante da virtude é a liberdade, uma vez que só por meio da ação virtuosa os homens têm condições de efetivar sua natureza de seres livres. Ao mesmo tempo, numa espécie de circularidade, a liberdade é considerada condição necessária para o surgimento da virtude, pois sem liberdade não há como os homens serem virtuosos. Esta estreita relação entre virtude e liberdade, ilustrada pela história de Roma, é enfatizada constantemente ao longo dos *Discourses*.

Ao contrário de Hobbes, para quem a liberdade reside no silêncio das leis, pois elas restringem o campo de ação dos indivíduos, ao impor uma obrigação, Sidney mantém a concepção de Harrington e de outros autores republicanos de que a liberdade depende da proteção proveniente das leis civis contra interferências arbitrárias, seja de outros cidadãos, seja do governo. Para ele, as leis civis asseguram a todos, igualmente, o mesmo status de cidadão, garantindo as escolhas e ações autorizadas pelo conjunto dos cidadãos. Além disso, pela sanção que elas carregam, as leis civis são capazes de impedir o uso irracional e licencioso da liberdade, contendo os excessos, em particular, daqueles que detêm e exercem o poder político. Desse modo, elas devem estar no fundamento do exercício do governo, estabelecendo os seus propósitos e limites, para que o poder político não seja utilizado de maneira arbitrária, atentando contra a liberdade dos cidadãos.

Nesse sentido, se Locke admitia a possibilidade da prerrogativa do governo de agir na omissão da lei, ou mesmo de maneira contrária às determinações legais em casos de urgência ou necessidade, Sidney rejeita qualquer possibilidade de ação por parte do governo fora do âmbito das leis civis. Isto porque, em sua perspectiva, mesmo que a prerrogativa não seja exercida, a simples possibilidade de uma ação arbitrária por parte do governo já representa uma ameaça à liberdade.

Por fim, como foi observado, a liberdade está no fundamento de sua defesa do direito político de resistência do povo contra governos tirânicos. O princípio geral constantemente recapitulado ao longo dos *Discourses* é de que, se todo governo é instituído pelo povo, cabe ao povo avaliar se o governo está cumprindo com a finalidade para a qual foi estabelecido, repreendê-lo quando não cumprir esta finalidade e, até mesmo, se for o caso, destitui-lo. Isto porque seria contraditório pensar que o povo é livre para instituir um governo, mas não para controla-lo, modifica-lo ou aboli-lo se considerar necessário ou mesmo simplesmente conveniente.

Assim, fica evidente o papel central e determinante da liberdade no pensamento político de Sidney e a singularidade de sua concepção de liberdade como ausência de dominação, principalmente quando comparada às concepções de seus contemporâneos, como Filmer, Hobbes ou mesmo Locke.

No que se refere à dicotomia presente no debate contemporâneo entre liberdade negativa e liberdade positiva, a concepção de liberdade encontrada na obra de Sidney não se encaixaria mesmo em nenhuma das duas categorias. No caso da liberdade positiva, porque ela não é caracterizada pela autodeterminação ou pelo autogoverno. A ausência de dominação não exige necessariamente que o indivíduo estabeleça a própria norma de sua conduta ou obedeça exclusivamente às normas que ele mesmo estabeleceu. No campo político, ela não requer a participação efetiva e direta dos cidadãos no poder legislativo ou no exercício do governo. Se ela pode ser, de algum modo, aproximada da ideia de autodeterminação, não é idêntica, uma vez que não demanda que as leis sejam decretadas diretamente pelos cidadãos. A sua principal exigência é que as leis não expressem a vontade arbitrária de um ou de alguns cidadãos, mas a vontade comum dos cidadãos.

Já no caso da liberdade negativa, a diferença não é tão evidente, visto que ela é definida também por uma negação, ou seja, pela ausência de dominação. Mas é possível dizer que a concepção encontrada nos escritos políticos de Sidney é mais ampla, porque visa não apenas a ausência de interferências nas escolhas e nas ações dos cidadãos, mas também a garantia de proteção contra essas interferências, ao exigir a emancipação dos cidadãos da condição de precariedade que representa a submissão a uma vontade discricionária. Desse modo, a liberdade não é avaliada apenas pelo espaço de não interferência, nem pela extensão do campo de escolha e de ação, mas leva em conta o grau de segurança contra possíveis intervenções arbitrárias. Neste sentido, a sua negatividade é marcada pela presença da garantia de proteção, pois não ser dominado implica em livrar-se da incerteza e da vulnerabilidade de possíveis situações de dominação.

Outra possível diferença em relação à liberdade negativa é que a ausência de interferência não garante a ausência de dominação. A dominação pode ocorrer mesmo quando não há interferência nas escolhas e nas ações. O exemplo do escravo, frequentemente utilizado pelos autores republicanos, é bem ilustrativo. Um escravo pode não sofrer interferência em suas escolhas e ações se for sagaz o suficiente para conseguir o que deseja de seu senhor, se suas escolhas e ações coincidirem com a vontade de seu senhor ou se tiver um senhor benevolente que lhe permita um vasto campo de ação. Contudo, nem por isso, pode ser considerado um homem livre. Se ele não sofre interferência em suas escolhas e ações, pode vir a sofrer, uma vez que está sujeito ao arbítrio de seu senhor, que pode interferir a qualquer momento. Desse modo, não pode ser considerado livre aquele que depende de uma vontade arbitrária ou mesmo vive numa condição de vulnerabilidade em relação a um poder discricionário.

Outra diferença que pode ser apontada é que pode haver interferência sem dominação. O exemplo da lei civil, também recorrente entre os autores republicanos, é bastante elucidativo. Se a lei for estabelecida ou consentida pelos cidadãos, ela claramente interfere nas escolhas e nas ações dos cidadãos, mas não estabelece uma relação de dominação. Isto porque ela não impõe uma restrição particularizada, mas geral, e não expressa uma vontade arbitrária que visa um interesse particular, mas a vontade pública que objetiva o interesse comum. Desse modo, mesmo que ela imponha deveres e obrigações, ela é constitutiva da liberdade, na medida em que reduz os espaços de arbitrariedade e garante a proteção de todos contra possíveis situações de interferência ou vulnerabilidade.

A concepção de Sidney ainda se diferencia da concepção negativa, no sentido de a liberdade ser considerada um valor social, ou seja, não pode ser pensada senão na presença de outras pessoas. A liberdade não é vista como uma propriedade do indivíduo, originária de sua natureza, que deve ser protegida pelo governo. Ela não se realiza no isolamento, no qual o indivíduo não sofre interferência, mas na vida social partilhada com outros indivíduos. Neste sentido, ser livre não é livrar-se dos entraves que impedem a realização dos propósitos escolhidos, mas ter garantias de que os outros têm o dever de não colocar obstáculos nas escolhas e ações que as leis civis autorizam e reconhecem como legítimas. A liberdade é alcançada na vida social quando não há espaço para arbitrariedades, nem dos indivíduos, porque a lei os impede, nem do governo, porque a lei impõe limites ao seu exercício.

Na perspectiva de Sidney, o regime político também não é indiferente para a efetivação da liberdade. Diversamente da concepção negativa que não requer uma forma específica de governo, a sua concepção de liberdade exige um regime político no qual as ações do governo sejam determinadas pela vontade dos cidadãos. O pressuposto desta exigência é de que só é possível desfrutar plenamente da liberdade num

Estado livre, uma vez que a liberdade dos cidadãos depende da liberdade do corpo político. O Estado livre, por sua vez, é definido por sua independência externa e por sua autodeterminação, ou seja, quando as leis que o regem são decretadas pelos seus membros ou sob o seu consentimento.

Assim, a concepção de liberdade encontrada na obra de Sidney se diferencia tanto da concepção positiva, por não exigir a autodeterminação ou o autogoverno, quanto da concepção negativa, por não se limitar à extensão do espaço de ação dos cidadãos. Mas ela não parece ser, como tem defendido alguns intérpretes, uma concepção intermediária, que ficaria no meio-termo entre a excessiva demanda de uma ativa e constante participação cívica e a mera efetivação de escolhas que os cidadãos são capazes de realizar, nem uma concepção justaposta, que combinaria elementos das concepções positiva e negativa. Inspirada na tradição republicana e construída com base em categorias do direito romano, ela mantém o respeito ao pluralismo de valores e de fins, sem renunciar à necessidade do dever cívico e do constrangimento legal. Desse modo, a sua singularidade pode contribuir para ampliar os horizontes do debate contemporâneo sobre a liberdade política.

Bibliografia

Fontes Primárias

Aquino, Thomas. *Suma Teológica.* Caxias do Sul: Livraria Sulina Editora, 1980.

Aristóteles. *Politique.* Paris: Les Belles Lettres, 1989.

Bèze, T. *Du droit des magistrats.* Genève: Droz, 1970.

Bodin, J. *Les Six Livres de la République.* Paris: Fayard, 1986.

Brutus, Stephanus Junius. *Vindiciae contra tyrannos.* Genève: Droz, 1970.

Buchanan, G. *De Maria scotorum Regina,* 1571, disponível em www.eebo.chadwyck.com.

_______. *De Iure regni apud scotos.* In: Buchanan, G. *An Appendix to the History of Scotland.* London: Kessinger Publishing, 1980.

Cícero, M. *De Legibus.* Paris: Les Belles Lettres, 1968.

________. *De Re Publica.* Paris: Les Belles Lettres, 1989.

________. *Dos Deveres.* São Paulo: Martins Fontes, 1999.

Coke, Edward. *Select Writings of Edward Coke* (ed. Steve Sheppard). Indianapolis: Liberty Fund. Inc., 2003.

Du Rohan, Henry. *De l'interest des Princes et des Estats de la Chrestienté. Paris,*1638, disponível em www.eebo.chadwyck.com

Filmer, Robert. *Patriarcha and Other Writings* (ed. J. Sommerville). Cambridge: University Press, 2000.

Fortescue, J. *On the Laws and Governance of England.* Cambridge: Cambridge University Press, 1999.

Goodman, Christopher. *How Superior Powers Oght to be Obeyd of their Subjects* (1558), disponível em www.eebo.chadwyck.com

Grotius, H. *Do Direito da Guerra e da Paz.* Ijuí: Editora Unijuí, 2005.

Halifax, George Savile. *A seasonable address to both Houses of Parliament concerning the succession, the fears of popery, and arbitrary government by a true Protestant, and hearty lover of his country.* London, 1681, disponível em www.eebo.chadwyck.com

Harrington, James. *The commonwealth of Oceana and A System of Politics* (ed. J. G. A. Pocock). Cambridge: Cambridge University Press, 1992.

Hobbes, Thomas. *The Elements of Law Natural and Politic* (ed. J.C.A. Gaskin). Oxford: Oxford University Press, 1994.

HOBBES, Thomas. *Do Cidadão*. São Paulo: Martins Fontes, 1992.

________. *Leviathan* (ed. C.B. Macpherson). London: Penguin Books, 1985.

HUNTON, Philip. *A Treatise of Monarchy*. In: Wootton, David (ed). *Divine Right and Democracy: an anthology of political writing Stuart England*. London: Penguin Classics, 1986, p. 175-213.

JAIME I. *The Trew Law of Free Monarchies*. In: Sommerville, Johann (ed). *Political Writings Jaime I*. Cambridge: Cambridge University Press, 1990.

JOHN OF SALESBURY. *Policraticus: Of the Frivolities of Courtiers and the Footprints of Philosophers*. (ed. e trad. Cary J. Nederman). Cambridge: Cambridge University Press, 1996.

KNOX, John. *The appellation of John Knox from the cruel and most injust sentence pronounced against him by the false bishops and clergy of Scotland, with his supplication and exhortation to the nobility, estates and commonalty of the same realm* (1558). In: Knox, John. *On Rebellion*. Cambridge: Cambridge University Press, 1999, p. 72-114.

L'ESTRANGE, Roger *Tyranny and popery lording it over the consciences, lives, liberties, and estates both of King and people*, 1678, disponível em www.eebo.chadwyck.com

_________. *The parallel, or, An account of the growth of knavery under the pretext of arbitrary government and popery with some observations upon a pamphlet entitled An account of the growth of popery*, 1679, disponível em www.eebo.chadwyck.com

LOCKE, John. *Political Writings* (ed. David Wootton). London, Penguin Books, 1993

________. *Two Treatises of Government* (ed. Peter Laslett). Cambridge: Cambridge University Press, 2000.

________. *Ensaios Políticos* (ed. Mark Goldie). São Paulo: Martins Fontes, 2007.

LUTERO, M. e CALVINO, J. *Sobre a Autoridade Secular*. São Paulo: Martins Fontes, 1995.

MAQUIAVEL, N. *Discursos sobre a primeira década de Tito Lívio*. São Paulo: Martins Fontes, 2007.

MARVELL, Andrew. *An account of the growth of popery and arbitrary government in England*, 1677, disponível em www.eebo.chadwyck.com.

MILTON, J. *A Treatise of civil Power in Eclesiastical Causes: showing that it is not lawful for any power on Earth to compel in matters of religion*. In: Patterson, Frank A. *The Student's Milton*. New York: F. S. Crofts & Co., 1947.

_______. *A Tenência de reis e magistrados*. In: Dzelzainis, Martin (org.). *John Milton: Escritos Políticos*. São Paulo: Martins Fontes, 2005, p. 4-67.

_______. *Defesa do povo inglês*. In: Dzelzainis, Martin (org.). *John Milton: Escritos Políticos*. São Paulo: Martins Fontes, 2005, p. 69-332.

NEDHAM, Marchamont. *Interest Will not Lie. Or, a view of England's True Interest*, 1659, disponível em www.eebo.chadwyck.com.

NEDHAM, Marchamont. *The excellencie of a free State,* 1656, disponível em www.eebo.chadwyck.com

NEVILLE, Henry. *Plato redivivus: a dialogue concerning government*, 1681, disponível em www.eebo.chadwyck.com.

PLATÃO. *La République*. Paris: Les Belles Lettres, 2003.

_____. *Les Lois*. Paris: Les Belles Lettres, 2002.

PARKER, Henry. *Observations upon some of this Majesties late Answers and Expresses* (1642) In: Haller, William (ed.). *Tracts on Liberty in the Puritan Revolution 1638-1642*. New York: Columbia University Press, 1934, Volume II, p. 1-25.

PENN, William. *The Political Writings of William Penn*. Indianapolis: Liberty Fund, 2002.

POLÍBIO. *História*. Brasília: UNB, 1996.

PONET, John. *A Shorte Treatise of Politike Power*, 1556, disponível em www.eebo.chadwyck.com

PTOLOMEU DE LUCCA. *On the Government of Rulers*. Philadelphia: University of Philadelphia Press, 1977.

PRYNNE, William. *Soveraigne Power of Parliaments and Kingdomes*, 1643, disponível em www.eebo.chadwyck.com.

SIDNEY, Algernon. *Discours concerning government.* Indianapolis: Liberty Fund., 1996.

_______. *Court maxims*. Cambridge: Cambridge University Press, 1996.

_______. *A Just and Modest Vindication of the Proceedings of the Two Last Parliaments*. London, 1681. In: *State Tracts of the Reign of Charles II*. London, 1689, vol.IV, appendix XV.

_______. *An Exact Account of the tryal of Algernon Sidney ... for conspiring the death of the King and his Royal Highness, of which he was convicted*. London, 1683.

_______. *To the King's most excellent Majesty. The humble petition of Algernoon Sidney*. London,1683.

_______. *Letters of Algernon Sidney*. In: Sidney, R. Sydney Papers, consisting of a journal of the Earl of Leicester and original letters of Algernon Sydney. London, 1825.

SUAREZ, Francisco. *De Legibus*. Lisboa: Tribuna da História, 2004.

TITO LÍVIO. *História de Roma*. São Paulo: Paumape, 1989.

TYRRELL, James. *Patriarcha non monarcha. The Patriarch unmonarched*,1681, disponível em www.eebo.chadwyck.com.

The Nineteen Propositions Made by Both Houses of Parliament to the Kings Most Excellent Majestie: With His Majesties Answer Thereunto (1642). In: Malcolm, Joyce L. (ed.) *The struggle for sovereignty: seventeenth-century English Political Tracts*. Indianapolis: Liberty Fund, 2000, p. 145-178.

Fontes Secundárias

Armstrong, E. "The political theory of Huguenots". *English Historical Review*, vol. IV, 188, p. 13-40

Ashcraft, Richard. *Revolutionary Politics and Locke's Two Treatises of Government*. Princeton: Princeton University Press, 1986.

Baker, J. H. "Personal Liberty under the Common Law of England, 1200-1600". In: Davis, R. W. (ed.) *The Origins of Modern Freedom in the West*. Stanford: Stanford University Press, 1995, p. 178-202.

Barbour, Reid. "Recent studies in seventeenth-century literary republicanism". *English Literary Renaissance*, 2004, p. 387-417.

Barros, Alberto R. G. *Republicanismo Inglês: uma teoria da liberdade*. São Paulo: Discurso-FAPESP, 2015.

________. "Milton e o direito do povo na República", *Cadernos de Ética e Filosofia Política*, n.11, 2007, p. 67-81.

________. "O direito de resistência na França renascentista". *Kriterion*, vol. 113, 2006, p. 99-114.

________. "A Matriz Inglesa". In: Bignotto, Newton. *Matrizes do Republicanismo*. Belo Horizonte: Editora UFMG, 2013, p. 127-174.

________. "Maquiavel e o republicanismo inglês". *Cadernos de Ética e Filosofia Política*, n.24, 2014, p. 22-39.

________. "Liberais, Comunitaristas e Republicanos: a questão da liberdade". *Síntese*, vol. 41, n. 131, 2014, p. 345-358.

________. "A Linguagem dos Interesses no Republicanismo Moderno". *Dissertatio*, n. 41, 2015, p. 47-63.

________. "Em defesa da república: Sidney, leitor de Maquiavel". *Revista Crítica Histórica*, n.12, 2015, p. 1-19.

________. "Razão e História nos *Discourses concerning government* de Algernon Sidney". In: Santos, A. C. (org.) *Tempo, História e Sociedade*. São Paulo: Humanitas, 2016, p. 163-179.

________. "A liberdade republicana em Algernon Sidney". *Kriterion*, vol. 135, 2016, p. 601-618.

Benn, S. I e Weinstein, W. L. "Being free to act and being a free man". *Mind*, n.80, 1971, p. 194-211.

Berlin, Isaiah. *Four Essays on Liberty*. Oxford; Oxford University Press, 1969.

Bignotto. Newton. (org.) *Pensar a República*. Belo Horizonte: UFMG/Humanitas, 2002.

________. (org.) *Matrizes do Republicanismo*. Belo Horizonte: Editora UFMG, 2013.

Blackburne, G. M. I. *Algernon Sidney, A Review*. London: Kegan, Trench & Co., 1885.

Blencowe, R. (ed.) *Sidney´s Papers*. London, 1825.

BROWN, Irene. C. "Algernon Sidney, the Noble Republican". *History Today*, n.34, 1984, p. 11-17.

BURGESS, Glenn. *Absolute Monarchy and the Stuart Constitution*. New Haven: Yale University Press, 1996.

BURTT, Shelley. "The Good Citizen´s Psyche: On the Psychology of Civic Virtue". *Polity: The Journal of the Northeastern Political Science Association*, vol. 23, n. 1, 1990, p. 23-38.

BRUGGER, Bill. *Republican theory in political thought: virtuous or virtual?* London: Macmillan Press Ltd., 1999.

BRUNT, P. A. "Libertas in the Republic". In: Brunt, P. A. (ed). *The Fall of the Roman Republica*. Oxford: Clarendon Press, 1988, p. 281-350.

CALLAHAN, T. "Blood, Sweat, and Wealth: Fortescue´s Theory of the Origin of Property". *History of Political Thought*, n. 17, 1996, p. 21-35.

CARDOSO, S. (org.) *Retorno ao Republicanismo*. Belo Horizonte: UFMG/Humanitas, 2004.

CARRIVE, Paulette. *La pensée politique d´Algernon Sidney*. Paris: Meridiens, 1989.

CARSWELL, Jonh. *The Porcupine: The Life of Algernon Sidney*. London: John Murray, 1989

_______. "Algernon Sidney´s "Court Maxims": the Biographical Importance of a Transcript". *Historical Research*, vol. 62, n. 147, p. 98-103.

CHAPPELL, Vere. *Hobbes and Bramhall on Liberty and Necessity*. Cambridge: Cambridge University Press, 1999

CONNIFF, James. "Reason and History in Early Whig Thought: The Case of Algernon Sidney". *Journal of the History of Ideas*, vol. 43, n. 3, 1982, p. 397-416.

CUTTICA, Cesare. "Kentish cousin at odds: Filmer´s Patriarcha and Thomas Scott´s Defence of freeborn Englishmen". *History of political though*. vol. XXVIII. n. 4. 2007, p. 599-616.

_______. "Il primato della politica: Algernon Sidney commonwealthman". In: Pintacuda, Fiorella. M. (org). *Ideali Repubblicani in Età Moderna*. Pisa: Edizioni ETS, 2002, p. 145-160.

_______. *Adam..."The father of all flesh": an intellectual history of Sir Robert Filmer and his works in seventeenth-century European political thought*. Florence: European University Institute, 2007

DALY, James. "The Idea of Absolute Monarchy in Seventeenth-Century England". *The Historical Journal*, n. 2, 1978, p. 227-250

_______. *Sir Robert Filmer and English Political Thought*. Toronto: University of Toronto Press, 1979

DANNER, Dan G. "Christopher Goodman and the English Protestant Tradition of Civil Obedience". *The Sixteenth Century Journal*, vol. 8, n. 3, 1977, p. 60-73

DAVITT, Thomas. St. "Thomas Aquinas and the Natural Law". In: Hading, Arthur (ed). *Origins of the Natural Law Tradition*. Dallas: Southern Methodist University Press, 1954, p. 39-43.

DAY, J. P. "Individual Liberty". *Royal Institute of Philosophy Lecture Series*, vol. 15, 1983, p. 17-29.

DE KREY, Gary S. "The First Restoration Crisis: Conscience and Coercion in London, 1667-73". *Albion: A Quarterly Journal Concerned with British Studies*, 1993, vol. 25, n. 4, p. 565-580.

_______. "Rethinking the Restoration: Dissenting Cases for Conscience, 1667-1672". *The Historical Journal*, vol. 38, n.1, 1995, p. 53-83.

_______. "London Radicals and Revolutionary Politics, 1675-1683". In: Harris, Tim and Seaward, Paul (eds). *The Politics of Religion in Restoration England*. Oxford: Basil Blackwell, 1990, p. 133-162.

DELANEY, C. F. (ed.) *The Liberalism-Communitarianism Debate: Liberty and Community Values*. Boston: Rowman & Littlefield Publishers, 1994.

DUCROCQ, Myriam-Isabelle. *Aux sources de la démocratie anglaise : de Thomas Hobbes à John Locke*. Villeneuve d´Ascq : Presses Universitaires du Septentrion, 2012.

DUNN, John. *The political thought of John Locke*. Cambridge: University Press, 1995.

ECCLESHALL, Robert. *Order and Reason in Politics: Theories of Absolute and Limited Monarchy in Early Modern England*. Oxford: Oxford University Press, 1995.

FATOVIC, Clement. *The Anti-Catholic Roots of Liberal and Republican Conceptions of Freedom in English Political Thought*. In: Journal of the History of Ideas, 2005, p. 37-58.

FINK, Zera. *The classical republicans: an essay in the recovery of a pattern of thought in seventeenth-century England*. Evanston: Northwestern University Press, 1945.

FIRTH, C. H. "Algernon Sidney". *The Dictionary of National Biography*, vol.18. London: Oxford University Press, 1921.

FLEW, Anthony. "Freedom is Slavery: a slogan for our new philosopher kings". In: Griffiths, A. Phillips (ed). *Of Liberty*. Cambridge: Cambridge University Press, 1983, p. 45-59.

FORSTER, Greg. "Divine law and human law in Hobbes´s Leviathan". *History of Political Thought*, vol. XXIV, n. 2, 2003, p. 189-217.

FORSTER, T. (ed.) *Original Letters of Locke, Algernon Sidney, and Anthony Lord Shaftesbury*. London, 1830.

FRANKLIN, Julian. *Constitutionalism and Resistance in the Sixteenth Century: Three Treatises by Hotman, Bèze & Mornay*. New York: Pegasus, 1969.

GALSTON, William A. "Value Pluralism and Liberal Political Theory". *The American Political Science Review*, vol. 93, n. 4, 1999, p. 769-778.

GERT, Bernard. "The law of nature as the moral law". *Hobbes studies*, n. 1, 1988, p. 26-44.

GIBSON, William. "The limits of the confessional state: electoral religion in the reign of Charles II". *The Historical Journal*, v.51, n.1, 2008, p. 27-47.

Gilbert, Felix. "Sir John Fortescue´s 'Dominium regale et politicum'". *Medievalia et Humanistica*, n. 2, 1944, p. 88-97

Goldsmith, M. M. "Hobbes on Liberty". *Hobbes Studies*, n. 2, 1989, p. 23-39.

Gough, J. W. *John Locke´s Political Philosophy*. Oxford: Clarendon Press, 1973.

Gray, John N. "On Negative and Positive Liberty". *Political Studies*, vol. 28, 1980 p. 507-526.

Gray, John R. "The Political Theory of John Knox". *Church History*, vol. 8, n. 2, 1939, p. 132-147

Gray, Charles. "Parliament, Liberty and Law". In: Hexter, J.H. (ed.) *Parliament and Liberty: from the reign of Elizabeth to the English Civil War*. Stanford: Stanford University Press, 1992, p. 155-200.

Grady, R. C. "The law of nature in the Christian Commonwealth: Hobbes´s argument for Civil Authority". *Interpretations*, n. 4, 1974, p. 217-238

Greaves, Richard L. "Great Scott! The Restoration in Turmoil, or, Restoration Crises and the Emergence of Party". *Albion: A Quarterly Journal Concerned with British Studies*, vol. 25, n. 4, 1993, p. 605-618.

________. *Enemies Under His Feet: Radicals and Nonconformists in Britain, 1664-1677*. Stanford, 1990.

________. "The First Principle of Pratical Reason". In: Anthony, E. (ed). *Aquinas: A Colletion of Critical Essays*. New York: Anchor Books, 1969, p. 340-382.

Gunn, J.A.W. *Politics and the public interest in the seventeenth century*. London: Routledge & Kegan Paul, 1969.

Hamel, Christopher. *L´Esprit Républicain: Droits naturels et vertu civique chez Algernon Sidney*. Paris : Classiques Garnier, 2011.

Harding, Alan. "Political Liberty in the Middle Age". *Speculum*, n. 55, 1980, p. 423-443.

Harris, Tim. *London Crowds in the Reign of Charles II: Propaganda and Politics from the Restoration until the Exclusion Crisis*. Cambridge: Cambridge University Press, 1987.

_______. "What's New about the Restoration?" *Albion: A Quarterly Journal Concerned with British Studies*, vol. 29, n. 2, 1997, p. 187-222

_______. "'Lives, Liberties and Estates': Rhetorics of Liberty in the Reign of Charles II". In: Harris, Tim and Seaward, Paul (eds). *The Politics of Religion in Restoration England*. Oxford: Basil Blackwell, 1990, p. 217-242.

Haydon, Brigid. *Algernon Sidney, 1623-1683*. In: Archaeologia Cantiana, vol.76, 1961, p. 110-133.

Hirst, Derek M. "Freedom, Revolution and Beyond". In: Hexter, J.H. (ed.) *Parliament and Liberty*. Stanford: Stanford University Press, 1992, p. 252-274.

Hirschman, A. *As Paixões e os Interesses: argumentos políticos a favor do capitalismo antes de seu triunfo*. Rio de Janeiro: Paz e Terra, 1979

HOLMES, Clive. "Parliament, Liberty, Taxation, and Property". In: Hexter, J. H. (ed.) *Parliament and Liberty* Holmes: *from the reign of Elizabeth to the English Civil War*. Stanford: Stanford University Press, 1992, p. 122-154.

HONNEFELDER, L. "A lei natural de Tomás de Aquino como princípio da razão prática e a segunda escolástica". *Telecomunicação*, v.40, n.3, 2010, p. 324-337

HOUSTON, Alan. *Algernon Sidney and the republican heritage in England and America*. Princeton: Princenton University Press, 1991.

HOUSTON, Alan and Pincus, Steve (eds). *A Nation Transformed. England after the Restoration*. Cambridge: Cambridge University Press, 2001.

JONES, J. R. *The First Whigs, The Politics of the Exclusion Crisis, 1678-1683*. Oxford: Oxford University Press, 1961.

JOHNSON, Merwyn. *Locke on Freedom: an incisive study of the thought of John Locke*. Austin: Best Printing Company, 1977.

JUDSON, Margaret A. *The crisis of the constitution: an essay in constitutional and political thought in England 1603-1645*. New Brunswick: Rutgers University Press, 1949.

KAHN, Victoria. "The metaphorical contract in Milton´s Tenure of Kings". In: Armitage, David (ed.) *Milton and Republicanism*. Cambridge: Cambridge University Press, 1998, p. 82-105.

KENYON, J. P. *The Popish Plot*. London: Phoenix Press, 2000.

KINGDON, Robert M. "Calvinism and resistance theory 1550-1580". In: Burns, J.H. (ed.) *The Cambridge History of Political Thought 1450-1700*. Cambridge: Cambridge University Press, 2004, p. 193-218.

KNIGHTS, Mark. "London's 'Monster' Petition of 1680". *The Historical Journal*, vol. 36, n. 1, 1993, p. 39-67.

________. "Petitioning and the Political Theorists: John Locke, Algernon Sidney and London's "Monster" Petition of 1680". *Past and Present*, n. 138, 1993, p. 94-111.

KURT, Raaflaub. *The Discovery of Freedom in Ancient Greece*. Chicago: The University Of Chicago Press, 2004

LAMONT, William M. *Marginal Prynne 1600-1669*. London: Routledge & K. Paul, 1963.

LEBRUN, G. *As liberdades dentro do liberalismo*. In: Passeios ao Léu. São Paulo: Brasiliense, 1983, p. 41-51.

________. "Hobbes aquém do liberalismo". In: Lebrun, G. *A Filosofia e sua História*. São Paulo: Cosacnaify, 2006, p. 237-252.

LESSAY, Frank. *Le débat Locke-Filmer*. Paris: PUF, 1998.

LIMONGI, Maria Isabel. *O Homem Excêntrico: paixões e virtudes em Thomas Hobbes*. São Paulo: Loyola, 2009.

LURBE, Pierre. "Le républicanisme belliciste d´Algernon Sidney". *Cercles*, n.11, 2004, p. 32-44.

MACPHERSON, C. B. *The political theory of possessive individualism, Hobbes to Locke*. Oxford: Oxford University Press, 1970.

MACINTYRE, Alasdair. *Depois da Virtude*. Bauru: Edusc, 2001.

MARSHALL, John. *John Locke: Resistance, Religion and Responsibility*. Cambridge: University Press, 1990.

MCINERNY, R. "Ethics". In: Kretzmann, N. (ed) *The Cambridge Companion to Aquinas*. Cambridge: Cambridge University Press, 1993, p. 196-216.

MENDLE, Michael. *Dangerous Positions: mixed government, the estates of the realm, and the making of the Answer to the XIX Propositions*. Alabama: University of Alabama Press, 1985.

MILNE, Doreen J. "The results of the Rye House Plot and their influence upon the Revolution of 1688". *Transactions of the Royal Historical Society*, 1951, vol.1, p. 91-108.

MILLER, John. *Popery and Politics in England, 1660-1688*. Cambridge: Cambridge University Press, 1973.

MORLEY, I. *A Thousand Lives: An Account of the English Revolutionary Movement 1660-1685*. London: Andre Deutsch, 1954.

MORRILL, John (ed.) *Revolution and Restoration*. London : Collins & Brown Limited, 1992.

MOURA, O. "A doutrina do direito natural em Tomás de Aquino". In: Boni, L. A. (org.) *Idade Média: Ética e Política*. Porto Alegre: EDIPUCRS, 1996, p. 219-233.

MULLETT, Charles F. "Toleration and Persecution in England, 1660-89". *Church History*, vol. 18, n. 1, 1949, p. 18-43.

MULTAMAKI, Kustaa. *Towards Great Britain: commerce an conquest in the thought of Algernon Sidney and Charles Davenant*. Saarijanui: Academie Scientiarum Fennica, 1999.

NEDERMAN, Cary J. *Lineages of European Political Thought*. Washington: The Catholic University of America Press, 2009

NELSON, Scott A. *The Discourses of Algernon Sidney*. London: Associated University Press, 1993.

OAKLEY, Francis. "Locke, Natural Law and God". *History of Political Thought*, n.4, 1997, p. 624-651.

PARENT, W. "Some recent work on the concept of liberty". *American Philosophical Quarterly*, vol. 11, 1974, p. 149-167.

PECK, Linda L. "Kingship, counsel and law in early Stuart Britain". In: Pocock, J. G. A. (ed.) *The varieties of British political thought, 1500-1800*. Cambridge: Cambridge University Press, 1993, p .80-115.

PETTIT, Philip. *Republicanism: a theory of freedom and government*. Oxford: Oxford University Press, 1999.

________. *A Theory of Freedom: from the psychology to the politics of agency*. Oxford: Oxford University Press, 2001.

PETTIT, Philip. "Liberty and Leviathan". *Politics, Philosophy & Economics*, vol. 4, n. 1, 2005, p. 131-151.

________. "Republican Freedom and Contestatory Democratization". In: Shapiro, I (ed). *Democracy's Value*. Cambridge: Cambridge University Press, 1999, p. 163-190.

_______. "Republican Liberty and its Constitutional Significance". *Australian Journal of Legal Philosophy*, vol. 25, n. 2, 2000, p. 237-256.

POCOCK, J. G. A. *The Machiavellian Moment: Florentine Political Thought and the Atlantic Republican Tradition*. Princeton, 1975.

_______. "England's Cato: the virtues and fortunes of Algernon Sidney". *The Historical Journal*, v.37, n.4, 1994, p. 915-935.

RATIÈRE, M. "Hubert Languet's Authorship of the 'Vindiciae contra tyrannos'". *Il Pensiero Politico*, n. 3, 1981, p. 395-420.

REEVE, L. J. *Charles I and the Road to Personal Rule*. Cambridge: Cambridge University Press, 1989.

REID, W. S. "John Knox's Theology of Political Government". *The Sixteenth Century Journal*, vol. 19, n. 4, 1988, p. 529-540.

RIBEIRO, Renato J. *Ao leitor sem medo*. São Paulo: Brasiliense, 1984.

ROBBINS, Caroline. "Algernon Sidney's Discourses Concerning Government: Textbook of Revolution". *The William and Mary Quarterly*, vol. 4, n, 3, 1947, p. 267-296.

___________. *The Eighteenth-Century Commonwealthman: Studies in the Transmission, Development, and Circumstances of English Liberal Thought from the Restoration of Charles II Until the War with the Thirteen Colonies*. Cambridge: Harvard University Press, 1959.

SACKS, David. "Parliament, Liberty and the Commonwealth". In: Hexter, J.H. (ed.) *Parliament and Liberty: from the reign of Elizabeth to the English Civil War*. Stanford: Stanford University Press, 1992, p. 85-121.

SALMON, J.H.M. "Algernon Sidney and the Rye House Plot". *History Today*, vol.4, 1954, p. 698-705.

SANDEL, Michael. Democracy's Discontent. Cambridge: Harvard University Press, 1996.

_________. *Liberalism and the Limits of Justice*. Cambridge: Cambridge Universty Press, 1998.

SCOTT, J. *Algernon Sidney and the English Republic, 1623-1677*. Cambridge: Cambridge University Press, 1988.

________. *Algernon Sidney and the Restoration crisis, 1677-1683*. Cambridge: Cambridge University Press, 1991.

SCOTT, J. *Commonwealth Principles: Republican Writing of the English Revolution*. Cambridge: Cambridge University Press, 2004.

SCHOCHET, Gordon J. *The Authoritarian Family and Political Attitudes in 17 th-Century England*. London: Transaction Books, 1988, p. 115-135.

Seipp, David J. "Trust and Fiduciary in the early common law". *Boston University Law Review*, n. 91, 2011, p. 1011-1037.

Sharpe, Kevin. *The Personal Rule of Charles I.* New Haven: Yale University Press, 1992.

Shepard, Max Adams. "The Political and Constitutional Theory of Sir John Fortescue". *Essay in History and Political Theory in Honor of Charles H. McIlwain*. New York: Russel & Russel, 1967, p. 289-319.

Shoenberger, Cynthia G. "The Development of the Lutheran Theory of Resistance". *The Sixteenth Century Journal*, vol. 8, n. 1, 1977, p. 61-76.

_________. "Luther and the Justifiability of Resistance to Legitimate Authority". *Journal of the History of Ideas*, vol. 40, n. 1, 1979, p. 3-20.

Skell, Caroline A. "The influence of the writtings of Sir John Fortescue". *Transactions of the Royal Historical Society*, n. 10, 1916, p. 91-107.

Skinner, Quentin. *As Fundações do Pensamento Político Moderno.* Cambridge: Cambridge University Press, 1978.

_________. "The Paradoxes of Political Liberty". *The Tanner Lectures on Human Values*, 1984, p. 227-250.

_________. "The republican ideal of political liberty". In: Bock, G, Skinner, Q. e Viroli, M. (eds). *Machiavelli and Republicanism*. Cambridge: Cambridge University Press, 1990, p. 293-309.

_________. "A Third Concept of Liberty". *Prodeedings of the Bristish Academy*, n. 117, 2002, p. 237-268.

_________. *Liberdade antes do liberalismo.* São Paulo: Unesp, 1998.

_________. "Hobbes on the proper signification of liberty". In: Skinner, Q. *Visions of Politics V.III — Hobbes and Civil Science*. Cambridge: Cambridge University Press, 2002, p. 209-237.

_________. *Hobbes and Republican Liberty*. Cambridge: Cambridge University Press, 2008.

Smith, David L. *Constitutional Royalism and the Search for Settlement, 1640-1649*. Cambridge: Cambridge University Press, 1994.

Sommerville, Johann. "The Ancient Constitution Reassessed the Common Law, the Court, and the Languages of Politics in Early Modern England". In: Smuts, Malcolm (ed.) *The Stuart Court and Europe*. Cambridge: Cambridge University Press, 1996, p. 39-64.

_________. "James I and the Divine Right of Kings, English Politics and Continental Theory". In: Peck, Linda L. (ed.) *The Mental of the Jacobean Court*. Cambridge: Cambridge University Press, 1991, p. 55-70.

Sommerville, Johann. "Parliament, Privilege, and the Liberties of the Subject". In: Hexter, J.H. (ed.) *Parliament and Liberty: from the reign of Elizabeth to the English Civil War*. Stanford: Stanford University Press, 1992, p. 56-84.

Solt, Leo F. "Revolutionary Calvinist Parties in England under Elizabeth I and Charles I". *Church History*, vol. 27, n. 3, 1958, p. 234-239.

SPITZ, Jean-Fabien. *La liberté politique. Paris : PUF, 1995.*

__________. *John Locke et les fondements de la liberté moderne.* Paris : PUF, 2001.

STEINER, Hillel. "Individual Liberty". *Proceedings of the Aristotelian Society*, vol. 75, 1974, p. 33-50.

STEPHEN, L e LEE, Sidney. *Dictionary of National Biography.* London: Oxford University Press, 1922, Vol. XVIII, p. 202-209

STEVENS, Jacqueline. "The reasonableness of John Locke´s majority". *Political Theory*, v. 24, n. 3, 1996, p. 423-463.

SULLIVAN, Vickie B. "Muted and Manifest English Republicanism: The Reconciliation of Machiavellian Republicanism with Liberalism in Sidney´s Discourses Concerning Government, and Trenchard´s and Gordon´s Cato´s Letters". In: Rahe, P (org.). *Machiavelli´s Liberal Republican Legacy.* Cambridge University Press, 2005, p. 58-86.

TAYLOR, A. E. "The Ethical Doctrine of Hobbes". *Philosophy*, vol. XIII, n. 52, 1938, p. 406-424.

TAYLOR, Charles. "Cross-Purposes: The Liberal-Communitarian Debate". In: Rosenblum, N. (ed). *Liberalism and the Moral Life.* Cambridge: Harvard University Press, 1989, p. 159-182.

__________. "What's wrong with negative liberty". In: Ryan, Alan (ed.) *The Idea of Freedom.* Oxford: Oxford University Press, 1979, p. 175-193.

THOMAS, D. A. L. *Locke on government.* London: Routledge, 2006.

TUCK, Richard. *Philosophy and Government 1572-1651.* Cambridge: Cambridge University Press, 1993.

________. *Natural rights theories: their origin and development.* Cambridge: Cambridge University Press, 1995.

________. "Communications a new date for Filmer´s Patriarcha". *The Historical Journal*, vol. 29, n.1, 1986, p. 183-186.

TULLY, James. "Locke on Liberty". In: Pelczynski, Z. (ed.) *Conceptions of Liberty in Political Philosophy.* London: The Athlone Press, 1984, p. 57-82.

VALENTE, Milton. *A Ética Estoica em Cícero.* Caxias do Sul: EDUSCS, 1984

VAN SANTVOORD, G. *Life of Algernon Sidney, With Sketches of Some of His Contemporaries, and Extracts from His Correspondence and Political Writings.* New York: Charles Scribner, 1851.

VAN OVERBEKE, P. "La loi naturelle et le droit naturel selon Saint Thomas". *Reveu Thomiste*, n. 57, 1957, p. 53-78.

VILLEY, Michel. *A formação do pensamento jurídico moderno.* São Paulo: Martins Fontes, 2005.

VIROLI, Maurizio. *Republicanism.* New York: Hill and Wang, 2002.

VON FRITZ, Kurt. *The Theory of the Mixed Constitution in Antiquity.* New York: Columbia University Press, 1954

WALLACE, John. "The date of Sir Robert Filmer´s Patriarcha". *The Historical Journal*, vol. 23, 1980, p. 155-165.

WALZER, Michael. "The Communitarian Critique of Liberalism". *Political Theory*, vol. 18, 1990, p. 6-23.

WARD, Lee. "Algernon Sidney and the old republicanism". In: Ward, Lee. *The Politics of Liberty in England and Revolutionary America.* Cambridge: Cambridge University Press, 2004, p. 152-171.

______. "Rethoric and Natural Rights in Algernon Sidney´s Discourses Concerning Government". *Interpretation*, vol.28, n.2, 2000-1, p. 119-145.

WARRENDER, Howard. *The political philosophy of Hobbes: his theory of obligation.* Oxford: Clarendon Press, 1957.

________. "The place of God in Hobbes´s philosophy". *Political Studies*, n. 8, 1960, p. 48-57.

WESTON, Corinne. "England: ancient constitution and common law". In: Burns, J. H. (ed.) *The Cambridge History of Political Thought 1450-1700.* Cambridge: Cambridge University Press, 2008, p. 374-411.

WHITE, D. M. "Negative Liberty". *Ethics*, vol. 80, 1970, p. 185-204.

WILCHER, Robert. *The writing of Royalism, 1628-1660.* Cambridge: Cambridge University Press, 2001.

WIRSZUBSKI, Ch. *Libertas as a Political Idea at Rome during the Late Republic and Early Principate.* Cambridge: Cambridge University Press, 1950.

WOLLMAN, David H. "The Biblical Justification for Resistance to Authority in Ponet´s and Goodman´s Polemics". *The Sixteenth Century Journal*, vol. 13, n. 4, 1982, p. 29-41.

WOOD, Neal. "The value of asocial sociability: contributions of Machiavelli, Sidney and Montesquieu". In: Fleisher, Martin (ed.). *Machiavelli and the Nature of Political Thought.* London: Croom Helm, 1973, p. 282-307.

WOOTTON, David (ed.). *Divine right and democracy. An anthology of political writing in Stuart England.* London, Penguin Books, 1986

_______ (ed.). *Republicanism, Liberty and Commercial Society,1649-1776.* Stanford: University Press, 1994.

WORDEN, Blair. "The Commonwealth Kidney of Algernon Sidney". *The Journal of British Studies*, vol. 24, n. 1, 1985, p. 1-40.

_________. "Republicanism and the Restoration". In: Wootton, David (ed.). *Republicanism, Liberty, and Commercial Society.* California: Stanford University Press, 1994, p. 139-193.

__________. *Roundhead Reputations: The English Civil Wars and the Passions of Posterity.* London: The Penguin Press, 2001.